KÖNIGS FURT

Zum Buch

Frauen werden nicht mehr auf dem Scheiterhaufen verbrannt, wenn sie sich weigern, ihr Leben nach männlichen Wertvorstellungen auszurichten. Sie werden aber immer noch durch vielfältige Tabus daran gehindert, ein authentisch weibliches Selbstverständnis zu entwickeln. Insbesondere von Frauen, die beruflich erfolgreich sein möchten, wird gefordert, »ihren Mann zu stehen« und Selbstentfremdung durch die Übernahme männlicher Werte zu fördern. Zunehmend ist bei Frauen ein Unbehagen, ja ein unterschwelliger Zorn gegen diese Vergewaltigung ihrer weiblichen Persönlichkeit auszumachen, doch es fehlen ihnen Vorbilder, wie sie zu ihren schöpferischen Wurzeln und zu einem kraftvollen spirituellen Frausein finden können.

Das vorliegende Buch stellt deshalb drei Frauen aus ganz verschiedenen Epochen vor, die in ihrem Mut als Vorbilder für weibliche Selbstbestimmung dienen können: die mythologische Gestalt der Orgeluse aus der mittelalterlichen Gralslegende, Ada McGrath, die stumme Protagonistin des Films »Das Piano«, und Kathrin, eine junge, beruflich erfolgreiche Frau aus heutiger Zeit, die im Rahmen einer Psychotherapie ihre eigene Geschichte erzählt.

Zur Autorin

Ega Friedman, geb. 1941, ist gelernte Schauspielerin und Psychologin. Seit 1987 arbeitet sie in eigener psychologischer Praxis. Dabei orientiert sie sich insbesondere an den Theorien C. G. Jungs und der humanistischen Psychologie. Ega Friedman lebt und arbeitet in Zürich.

Ega Friedman

Vom weiblichen Ungehorsam

Königsfurt

Die Deutsche Bibliothek – CIP-Einheitsaufnahme

Friedman, Ega:
Vom weiblichen Ungehorsam / Ega Friedman. –
Krummwisch : Königsfurt, 2001
ISBN 3-933939-77-1

Lizenzausgabe
Königsförde 2001

Copyright für diese Ausgabe
© 2001 by Königsfurt Verlag
D-24796 Klein Königsförde / Krummwisch
www.koenigsfurt.com

© 1999 by Walter Verlag, Zürich / Düsseldorf

Umschlaggestaltung: Zembsch' Werkstatt, München
Umschlagmotiv: Zembsch' Werkstatt, München

Satz: Satzbüro Noch, Witten

Druck und Bindearbeiten: Elsnerdruck, Berlin

Printed in Germany

ISBN 3-933939-77-1

Inhalt

Einführung 9

Orgeluse I – Die Vertreibung 12

    Die Gralssage 12
    Die Vertreibung aus dem Garten 14
    Der Ruf Cundrys 16
    Der Liebesknoten 20
    Der Königsmord 27

Ada McGrath I – Die verbannte Frau 30

    Das Piano 30
    Die Reise ans Ende der Welt 35

Orgeluse II – Die Freibeuterin 37

    Die erste Stufe der Initiation 37
    Die Strategien Obies 45

Ada McGrath II – Der väterliche Zauberspruch 51

Ada McGrath III – Die Ankunft am Ende der Welt 56

    Die Geburt der Venus 56
    Der tätowierte Mann 58
    Der Schlag 59

Orgeluse III – Die Amazone 62

Die zweite Stufe der Initiation 62
Der Zweikampf findet nicht statt 64
Die Stadt am Sumpf 68
Der Minnedienst 70

Ada McGrath IV – Allerlei Handel 76

König Blaubart 76
Ada beginnt zu handeln 77
Es wird hin und her verhandelt 77
Noch ein Handel 78
»Hinter jedem erfolgreichen Mann steht …« 80
Das Angebot des Strandwächters 83
Jede Geburt ist Initiation 86
Es wird um Heiliges verhandelt 88
Es werden neue Verhandlungen angesetzt 91
Gehörtwerden 92

Orgeluse IV – Die Toberin 95

Die dritte Stufe der Initiation 95

Ada McGrath V – Das verbotene Zimmer 103

Der Schlüssel zum Zimmer 103
Sie hat sein Vertrauen mißbraucht 105
Die Rückkehr des Körpers 106

Kathrin I – Der Mann mit den amputierten Händen 108

Notizen einer Therapie 108
Der Sohn der Herrin 109
Das Lösegeld 111

Ada McGrath VI – Blaubarts Rückkehr 115

Kathrin II – Die Verpuppung 118

Orgeluse V – Das Finden der Mitte 121

Die vierte Stufe der Initiation 121
Der weibliche Pfad der Erleuchtung 127

Kathrin III – Die Vätertochter 131

Ada McGrath VII – Das Opfer 137

Orgeluse VI – Die Kunst des Werdens 145

Die fünfte Stufe der Initiation 145
Die Kunst des Werdens 145
Das Werden durch Verdichtung 146
Das Werden durch Differenzierung 148
Das Werden durch Verinnerlichung 149
Das Werden durch die Krise 151

Kathrin IV – Mütter und Töchter 155

Die Dritte im Bunde 155
Die dreifache Göttin 157

Orgeluse VII – Das Sehen 160

Die sechste Stufe der Initiation 160

Kathrin V – Die rote Hexe 162

Weibliche Dschungelnatur 162
Die Schätze werden gehoben 167

Ada McGrath VIII – Die Rückkehr in die Welt 170

Kathrin VI – Die Rückkehr der Herrin des Hauses 173

Orgeluse VIII – Die Reise zwischen den Welten *178*

Nachwort *184*

Die Göttin und der Gott *184*
Die tabuisierte weibliche Kreativität *185*

Anhang *189*

Anmerkungen *189*
Bibliographie *203*

Einführung

Wie soll ein Mythos beschaffen sein, der uns Frauen aus der Pflicht entläßt, dem männlichen Geist verfügbar zu sein? Auf dieser Suche hilft es uns nur bedingt, uns auf vor langer Zeit untergegangene matriarchale Kulturen und ihre Mythen zu beziehen, um dort die Wurzel unseres weiblichen Selbstverständnisses zu finden. In den letzten zweitausend Jahren hat sich nicht nur unser Ich gewandelt, sondern auch unsere Träume, Ängste und Erwartungen sind anders geworden; die Zeit verändert sich und wir uns mit ihr. Wo finden sich Mythen, die von dem reden, was Frauen heute umtreibt?[1]

Ein solcher weiblicher Mythos taucht erstmals im 12. Jahrhundert auf. Sein Thema ist nicht die Beschwörung ursprünglicher weiblicher schöpferischer Macht, sondern die Antwort auf erlittenen Verlust, der Schrei nach der verlorenen weiblichen Sprache. Er beschreibt die Erfahrungen gedemütigter Frauen und wie aus ihrer Trauer und ihrem Zorn, aus ihrem Ungehorsam und ihrer Verlassenheit ein komplexeres und individualisiertes weibliches Ich wiedergeboren wird. Es ist die Beschreibung einer *Initiation in weibliche Spiritualität*.

Das Erstaunliche daran ist, daß diese bildermächtige Beschreibung weiblicher Spiritualität im zentralen Teil der Version der christianisierten Gralssage zu entdecken ist. Über den Gral als Ganzes ist schon Unzähliges geschrieben worden, doch hat der christliche, nahezu durchgehend männliche Blick die Spuren älterer Quellen, in denen die weibliche Spiritualität einen angestammten Platz hatte, übersehen.[2] Nicht zufällig ist heute der Begriff der »Gralshüter« ein gebräuchlicher Ausdruck für männliche Vertreter der Macht in Wirtschaft und Wissenschaft; daß das Gralsgefäß im Mythos immer nur in der Obhut von weiblichen Wesen erschien, ist verdrängt.

Das Wort Gral ist altfranzösischen Ursprungs und meint ein magisches Gefäß, manchmal auch einen magischen Stein, der die Menschen, die ihm begegnen, mit heilenden und schöpferischen Kräften ausstattet. Die Suche nach dem Gral handelt von der Annäherung an die eigene Mitte, von Heilung und Neuwerdung. Verknüpft mit der Geschichte der Gralssuche war die Rückgewinnung von vierhundert verstummten und verschollenen Frauen und vier Königinnen; erst nachdem sie gefunden worden waren und in die Welt zurückkehrten, wurde der Weg zum Gral frei.

Es ist vor allem dem entschlossenen Widerstand einer einzelnen Frau zu verdanken, daß diese Frauen wiederentdeckt wurden. Sie hieß Orgeluse und war Herzogin von Logrois, einer Landschaft im Süden von Frankreich. Doch wie alle Fabulierkunst, die sich mit der spirituellen Suche des Menschen beschäftigt, ist auch der Mythos von Orgeluse an keine bestimmte Zeit gebunden. Die Essenz bleibt die gleiche, wenn sie sich auch im veränderten Blick einer anderen Zeit und durch das individuelle Erleben einer heutigen Erzählerin verwandelt, denn es ist nicht ernstlich möglich, in die Haut derer zu schlüpfen, die lange vor uns gelebt haben.

Eine wahlverwandte Schwester der mythischen Orgeluse und eine Wiederkehr des Motivs des weiblichen Ungehorsams und der Verweigerung findet sich siebenhundert Jahre später in der Gestalt von Ada McGrath von Aberdeen in Schottland. Ada ist die stumme Protagonistin des Films »Das Piano« der neuseeländischen Filmemacherin Jane Campion. Diese filmische Geschichte einer Frauwerdung in der Form einer mühseligen Initiation mit vielen schmerzlichen Wiedergeburten schildert äußerst differenziert die Komplexität der Beziehungen zwischen Frau und Mann, Weiblichem und Männlichem, aus dem Erleben der Frau.

Die jüngste und dritte Heldin im Bunde ist Kathrin, eine junge Frau aus unserer Zeit, die ihre eigene Geschichte, ihre Ängste und

Träume erzählt, welche unter völlig veränderten Voraussetzungen entstanden und doch dem Leiden, dem Schrecken und den Mutproben ihrer mythologischen und poetischen Schwestern verblüffend ähnlich sind. Im Unterschied zu ihren Vorgängerinnen kam für Kathrin der Druck, sich männlichen Wertvorstellungen zu unterwerfen, weit weniger von außen, sondern wurde von ihr vor allem als eine innere Gewalt erlebt, der sie sich nicht verweigern konnte. Alle Bemühungen, sich von dieser inneren Fremdbesetzung zu distanzieren und sich auf ihre eigene Kreativität zu beziehen, verstärkten ihr Gefühl der Ohnmacht und die unfreiwillige Unterwerfung unter den männlichen Geist nur noch mehr. Kathrins Leiden war für mich der Anstoß, nach Geschichten zu suchen, die ihr inneres Drama widerspiegelten und mögliche Wege aufzeigten, der Gewalt dieser inneren Fremdbesetzung zu entkommen.

Trotz aller Unterschiede der Zeitepochen und der verschiedenen sprachlichen Ausdrucksformen, in denen die Geschichten der drei Frauen erscheinen, überlappen sich die Erfahrungen auf erstaunliche Weise. Doch um eine ordentliche Reihenfolge einzuhalten, beginne ich mit der Geschichte von Orgeluse, der Herzogin von Logrois, verbinde sie schrittweise mit jener der Ada McGrath und ende damit, wie Kathrin mit der Hilfe von überlieferten Geschichten über weibliche Initiationen ihr eigenes Drama zu entwirren beginnt. Ich verlasse mich darauf, daß die vielfältigen Querverbindungen zwischen der modernen Frau und ihren Schwestern aus anderen Epochen und Dimensionen auch ohne vollständige Erklärungen sichtbar werden.

Orgeluse I
– Die Vertreibung

Szenen aus der Gralserzählung[3] nach Chrétien de Troyes und Wolfram von Eschenbach

Die Gralssage

Die Erzählungen über den Gral reichen weit in die alten Zeiten zurück. Die ersten, die abenteuerlich aufbrechen, um nach dem Gral zu suchen, sind der sagenhafte König Arthur und die Ritter der Tafelrunde. Der Gral der keltischen Erzählungen ist ein Kessel oder eine Schüssel des Überflusses (»Vessel of Plenty«), die jeden satt macht, der aus ihr kostet; außerdem ist sie eine Quelle des sich erneuernden Lebens, die das Kranke heilt. Das Gralsgefäß kann in die verschiedensten Dimensionen entschwinden (deswegen sind einzig die Feen befähigt, es zuverlässig zu hüten); so schwebt es – wie von unsichtbaren Händen gehalten – durch die Luft, um sich andernorts wieder in die dreidimensionale Welt zu materialisieren und die staunenden Ritter mit den auserlesensten Speisen zu erquicken, obwohl nichts darauf hinweist, daß es mit Lebensmitteln angefüllt ist.

In der Gralserzählung des Chrétien de Troyes aus dem zwölften Jahrhundert erscheint der Gral in der Form eines Tellers und in einer weiteren Fassung, von Wolfram von Eschenbach, als kostbarer Stein.

In die Gralssage fließen viele unterschiedliche Elemente ein und verbinden sich zu einem umfassenden Entwicklungsprozeß. Alles beginnt mit einem großen Unglück, einer tiefen Depression. Der König des Landes siecht an einer unheilbaren Wunde, und das Land ist öde und fruchtlos geworden. Die Ursache dieses Unglücks liegt in einem menschlichen Fehlverhalten: Entweder wurden die Gralsjungfrauen beleidigt, angegriffen oder gar vergewaltigt. In der christlichen Version hat der König selbst durch seine Sündhaftigkeit das Unglück verschuldet, das sich erst wenden wird, wenn einer kommt und nach dem Leiden des Königs frägt. Wenn es gelingt, dem König die richtige Frage zu stellen, die die verborgene Wunde aufdeckt, kann die heilende Energie des Grals wieder fließen.

In den frühen Artusromanen gibt es nur eine Figur, die über solche heilende Fähigkeit verfügt. Sie heißt *Gwri Gwalt Adwyn*, was später zu Gawein oder Gawan zusammengezogen wurde; ursprünglich ist dies die Hauptfigur der Gralsepik. Von seiner Herkunft her ist Gawan ein Sonnengott[4], der das Kranke heilt und das Zerstückelte zusammensetzt. In den Erzählungen um König Arthur erscheint er als der *Green Knight*, der *Geliebte der Großen Göttin*[5].

In der Folge des sich ausbreitenden Christentums wurde der keltische Heiler von den christlichen Helden Perceval und Galahad überflügelt. Ich werde jedoch meine Ausführungen auf Gawein (Gâwân), den Heiler des Zerstörten und den Geliebten der Großen Göttin, beschränken, da er – im Unterschied zu den anderen Helden der Gralssage – als einziger das Leiden der verletzten und mißbrauchten Weiblichkeit erkennt und die Frage stellt, die die Kraft der weiblichen Spiritualität wieder zum Fließen bringt.

Welche Gralsversion von den vielen, die es gibt, nun die richtige sei: Der Gral bleibt der Begriff des Wunderbaren. Dieses Wunderbare ist dabei nicht einfach das Seltene, Unerklärliche, Überraschende, sondern es ist gleichzeitig das Natürlichste, Naheliegendste. Auch verschließt es sich dem Rationalen gegenüber nicht, sondern eröffnet ihm eine weitere Dimension. Es ist dieses selbstverständliche Wunderbare, das die gesamte Kultur des zwölften Jahrhunderts auszeichnet. Die Menschen waren auf eine vernünftige Weise verrückt, so wie die Gralssage eine äußerst vernünftige, verrückt wunderbare Geschichte von der Suche des Menschen nach Heilung, Erneuerung und Ganzwerdung ist.

Die Vertreibung aus dem Garten

Daß der Anfang einer Geschichte im dunkeln liegt, bedeutet nicht unbedingt, daß sich die Ereignisse vor langer Zeit zugetragen haben müssen. Jeder Anfang geschieht im verborgenen, und erst durch das Vergehen der Zeit erhält das ursprüngliche Ereignis seine ihm zustehende Bedeutung.

Die Geschichte der Herzogin Orgeluse von Logrois beginnt in ihrem Garten. Er wird durch einen Fluß, der sich im Laufe der Zeit eine Schlucht in den roten Fels gebrochen hatte, weit, tief und unwegsam, vom Land ringsherum getrennt. Eine einzige schmale Brücke verbindet die beiden Teile, die allgemeine Welt draußen und die besondere des Gartens in der Beugung des Flusses. Es gibt heute keine zuverlässig überlieferten Beschreibungen mehr darüber, wie dieser Garten aussah.[6] Wir müssen uns die Fülle der Pflanzen, Sträucher und Bäume, der heimlichen Teiche und der scheuen Tiere mit der Kraft unserer Sinne und unserer Vorstellung herbeizaubern. Orgeluses Garten ist weitläufig und labyrinthisch, mit Wegen, die sich drehen und kreuzen, immer wieder mit andern Düften und Farben verführen, den Besucher in die Irre laufen lassen und unerwartet veränderte Ausblicke eröffnen, bis wir schließlich den Schatz des Gartens, seinen Mittelpunkt und sein verstecktes Geheimnis entdecken: einen Baum mit gedrehten Ästen und Zweigen, über und über bedeckt mit rot-lilafarbenen Blüten; die Blütenstruktur ist delikat und der Duft der vielen Blüten berauschend. Nähern wir uns dem Baum, fallen wir, ohne einzuschlafen, in einen Traum und beginnen Dinge und Ereignisse wahrzunehmen, die uns bis dahin entgangen sind. Das schlummernde Reich der Imagination erwacht zum Leben, und wir werden Wanderer in den unzähligen möglichen Dimensionen der Zeit, wandern durch die Landschaften der Vergangenheit und der Zukunft, als wären sie heute, erleben den Garten so, wie er damals war, als Orgeluse von Logrois zusammen mit ihrem Gemahl

Cydegast in ihm lebte; spüren seine heitere Weisheit und erliegen ihr ...

... bis die Schatten zu wachsen beginnen; zuerst nur blaß in der Ferne, dann schwarz und nah. Das Dunkel, das den Garten auf einen Schlag zerstören wird, kommt nicht heimlich, nicht schlängelnd und zischend; es dröhnt, klappert, brüllt und ächzt, in eiserner Rüstung und auf einem herrischen Pferd. Es begehrt Garten und Frau als sein eigen zu besitzen. Die Brücke und der Garten werden von Cydegast, dem Hüter des Gartens, bewacht. Der Ritter, der sich hinter der eisernen Rüstung verbirgt, ist Gramoflanz. Von ihm heißt es, er wäre so kampfesstark, daß er jeweils nur mit zwei Rittern auf einmal kämpfe, denn einer alleine wäre ihm nicht Ehre genug. Doch Cydegast ist alleine auf der Brücke; da tötet ihn Gramoflanz, nimmt den Garten in seinen Besitz und beansprucht Orgeluse als sein Weib.[7]

Orgeluse weigert sich. Sie entzieht sich dem Anspruch des Usurpators mit allem Schmerz und allem Zorn, den sie aufbringen kann. Doch es hilft ihr wenig; Gramoflanz ist mächtiger als alle anderen Ritter. Die, die noch bereit sind, für Orgeluse und ihren Garten einzustehen, werden von ihm niedergestreckt und bleiben verletzt oder gar tot auf dem Schlachtfeld liegen.

Die Versuchung ist groß, die Bedeutung von Garten und Baum und deren Untergang mit Verstand zu ergründen. Doch sich Orgeluse im Augenblick des Verlustes und der Tränen mit gescheiten Erklärungen zu nähern, wäre Mißachtung des Schmerzes, den sie fühlte. Sie selbst verließ sich ganz auf das, was dieses Gefühl ihr gebot. Gramoflanz verstand es eh weit besser, seine neue Position und deren Anspruch vernünftig zu begründen. »War es nicht unerhört«, so beklagte er sich, »daß Orgeluse, die zu lieben, zu ehelichen und in Ehren zu halten ich bereit war, mich beschimpfte und zurückwies?« Daß Orgeluse um den zerstörten Garten und ihren toten Gemahl trauerte, dies überging er geflissentlich, und mit der Zeit vergaßen es auch die Menschen. Die einzige, die sich weiterhin mit der ganzen Kraft ihrer Gefühle erinnerte, war Orgeluse. Ohnmächtig blieb ihr als einzige Waffe die *Verweigerung*. An der hielt sie fest: übellaunig, stolz und zornig, störrig und unvernünftig.

Mit dem Tod von Cydegast war nicht nur der Garten unerreichbar geworden, auch Orgeluses heiterer Charakter begann sich zu verändern, wurde verschlossen, reizbar und rechthaberisch. Doch dann ereignete sich etwas, das weit über Orgeluses persönliches Schicksal hinausging. Nach und nach verschwanden immer mehr Frauen. Sie verschwanden von den Straßen und Plätzen, verschwanden hinter Türen und in Kammern und kamen nie mehr zum Vorschein. Am Ende waren vierhundert Frauen und vier Königinnen wie vom Erdboden verschluckt. Das Unerklärlichste daran war, daß es kaum einer bemerkte und sie scheinbar keiner vermißte. Man stelle sich vor: Plötzlich sind Dinge, Gegenstände, Straßen und Menschen nicht mehr da; ihre Namen tauchen in keinen Urkunden mehr auf, sind aus den Landkarten gelöscht, fallen aus dem Gedächtnis der Menschen, als hätte es sie nie gegeben. Höchstens, daß manchmal einer kurz einhält und etwas vermißt und trotz aller Bemühungen nicht benennen kann, was es ist.

Wenn es den Menschen auch entging, daß die Frauen von den Straßen und Plätzen verschwanden, so ließ sich doch ein Gefühl wachsender Leere nicht unterdrücken. Getrieben von einem unbestimmten Gefühl des Verlustes machten sich Helden und solche, die es werden wollten, auf den Weg, das Verlorene, von dem sie nicht sagen konnten, was es war, zu finden. Die Ritter, die sich als erste auf die Suche machten, waren jene von der Tafelrunde von König Arthur. Sie nannten ihr Herumstreifen *die Suche nach dem Gral*.

Der Ruf Cundrys

Auch Parzival war ein solcher Gralsritter, der berühmteste von allen. Für einen kurzen Augenblick war er nahe daran, das

Geheimnis des Grals zu lüften, ja, es hätte nur eines einzigen Wortes von ihm bedurft, und der graue Schleier, der sich über die Welt gelegt hatte, hätte sich verflüchtigt. Doch Parzivals Quest scheiterte an seinem mangelnden *Mitgefühl* für das Leiden der Erde und ihrer Geschöpfe. Eigentlich war es weniger Parzivals mangelndes Mitgefühl als seine *Unfähigkeit, sich vom Leiden berühren zu lassen*, aber möglicherweise ist das ein und dasselbe. So kam Parzival nach einer langen Irrfahrt wieder zur Tafelrunde von König Arthur zurück, ohne etwas ausgerichtet zu haben; die Suche war fürs erste gescheitert und Parzival ratlos. Selbst wenn ihm sein Mangel an Mitgefühl bewußt geworden wäre, so hätte er keine Antwort auf die Frage gehabt, wie er sich das, was ihm fehlte, erwerben solle. Denn mit dem Mitgefühl ist es so eine Sache. Kommt es nicht aus dem Herzen, spontan und scheinbar ohne jede Anstrengung, dann ist es weiter nicht viel mehr als knapp versteckte Herablassung, elitäre Almosenverteilung, und die hat nun einmal noch keine Verletzung geheilt und keine Erstarrung gelöst.

Kommen einzelne oder auch ganze Gruppen an die Grenzen ihrer gutgemeinten Einsicht und lassen sich mit den vorhandenen Mitteln die unerträglich gewordenen Probleme nicht mehr lösen, dann entwickeln tiefere psychische Schichten eine eigene Aktivität, um die Neuorientierung, die das starr gewordene Ich nicht mehr zu leisten vermag, zu erzwingen. An einem schönen Tag wird der Unentschlossene mit einem Schlag in das hineingestoßen, was er bis dahin nur umkreiste und ängstlich vermied. Oder wie jung es einmal ausgedrückt hat: »Wenn ein innerer Tatbestand nicht bewußtgemacht wird, dann ereignet er sich als Schicksal außen ...«[8]

König Arthur und seine Ritter hatten ihr Lager in der Nähe des Flusses Plimizöl aufgeschlagen. Es war Vorfrühling, die jungen Blätter zeigten das erste Grün, und der alte Schnee verhockte sich mürrisch in schattigen Mulden. Dies war der Augenblick, als dem Schicksal oder wie man es nennen will der

Geduldsfaden riß und es seinen Boten ausschickte, genauer seine Botin.

Vom nahen Fluß her kroch ein Nebel die Wiesen entlang, stieg bis zur Höhe des Lagers und hüllte es ein. So kam es, daß die königliche Gesellschaft den Reiter erst bemerkte, als er bereits am Rand des Lagers auftauchte. Bei genauerem Hinsehen entpuppte sich der Nebelreiter als eine verkrüppelte, abstoßende und furchterregende Frau auf einem klapprigen Maultier. Vorerst waren die Ritter einfach befremdet durch die erstaunliche Erscheinung und konnten sich keinen Reim darauf machen, so wenig Vertrautes, Menschliches war an diesem Wesen: Die mächtige Nase, weit vorgestreckt, glich der eines Hundes, aus dem halboffenen Mund ragten zwei Reißzähne wie bei Werwölfen in nächtlichen Albträumen; die runden und haarigen Ohren, weit abstehend vom gelblichen Schädel, erinnerten von ferne an Bären. Die Brauen, lang und buschig, ragten zu Zöpfchen geflochten bis zum Stirnband hinauf. Das Gesicht zeigte keinerlei Züge menschlicher Mimik. Einzig die Augen waren Menschenaugen, lidlos, mit weit offenen Pupillen und einem Blick, der sich nirgends festhielt, als ob er sich nicht entschließen könne, sich ernstlich mit dem einzulassen, was er außen sah. Die erschreckende Gestalt war in kostbare Stoffe gehüllt, in verwirrender Diskrepanz zu ihrer halb tierischen, halb menschlichen Erscheinung.[9]

Es ist Cundry, die sich dem erstarrten Hofstaat nähert, die Hüterin des Grals, nach dem die Ritter des Königs so eifrig auf der Suche waren. Ihr Name leitet sich von *conduire* ab, *führen*, *leiten*, womit der Mythos andeutet, daß sie zu dem führt oder führen könnte, was durch menschliche Anstrengung und Vernunft zu finden bis dahin nicht gelungen war.

Vor dem König, einem der wenigen, der sie kannte und frei blieb vom allgemeinen Schrecken, hält sie an, ohne sich zu verbeugen: »Eine feine Gesellschaft hast du hier beisammen!« Ihre Stimme klingt menschlich. »Eine Dame artiger als die andere, ein

Ritter prächtiger als der nächste. Doch dein Ruhm ist bleich geworden, und deine Ehre hinkt.« Jetzt hält die Schreckliche auf Parzival zu, dessen Ankunft nach der langen Zeit der Abwesenheit eben noch gefeiert worden war: »Du hältst dich für etwas Besonderes, Bursche; doch du bist weniger als ein Nichts, du bist kein Mensch. Du hast die Kälte gespürt, die auf dem Land liegt, du hast die Frauen und Männer über die Leere, die in ihren Herzen wächst, seufzen gehört, du hast die fruchtlosen Felder gesehen, wo Bäume dürren Gerippen ähneln und kein kleinster Mauerpfeffer mehr wuchert. Doch dein Herz blieb kühl.« Cundry wendet sich ab, als wäre ihr der Anblick des Ritters unerträglich: »Das Land ist verflucht und du mit ihm!«[10]

Keiner wagt sich zu regen, obwohl sich manche nicht wenig über die rücksichtslose Sprache einem ihrer besten Ritter gegenüber empören. Die Botin, am Ende ihrer Rede, reitet die Tafelrunde noch einmal ab, ist bereits am Wegreiten, besinnt sich, als hätte das Entsetzen, das sie ausgelöst hat, nun sie selbst eingeholt, und mit veränderter, leiserer Stimme setzt sie noch etwas hinzu:

»Vierhundert Frauen und vier Königinnen sind in großer Not. Sie werden auf Schloß Schastelmarveille gefangengehalten und können nicht in die Welt zurück. Es gibt einen Strom, der vom Dunkeln ins Helle fließt, der wirkt Wunder, wenn er vom Herzen kommt. Wird er gespürt, werden die Frauen erlöst.«

Cundry spricht diese letzte Botschaft in mehreren Sprachen gleichzeitig; möglicherweise um sicherzugehen, daß jeder der bunt zusammengewürfelten Rittergesellschaft sie auch verstehe. Das gleichzeitige Hören verschiedener Sprachen, wenn bekannte Worte gemeinsam mit unverständlichen daherkommen und vertraute Zusammenhänge unerwartete Biegungen machen, hatte aber noch einen weiteren Effekt. In den Gehirnströmen der verblüfften Ritter entstanden fremde, ungebrauchte Verknüpfungen, die den üblichen Trab ihres Denkens zum Stolpern brachten. Es eröffneten sich ihnen für einen kurzen Augenblick Räume zu einer anderen Wahrnehmung der Wirklichkeit, bevor die gewohnteren Neuronenbahnen wieder die Oberhand zurückgewannen.

Ohne die Wirkung ihrer Rede abzuwarten, wendet Cundry ihr Maulpferd und reitet davon. Hinter ihr schließt sich der Nebel.[11] Zurück bleibt die schockierte Hofgesellschaft, verunsichert, wie sie das Erlebte einordnen soll. Möglicherweise habe er einfach offenen Auges geträumt, sagt sich der eine oder andere. Ein Freund legt Parzival gutmütig die Hand auf die Schulter und muntert ihn auf, sich den Fluch der Hexe nicht zu Herzen zu nehmen. Andere schieben Geschäftigkeit zwischen sich und die erschreckende Erscheinung, müssen dringend nach Hause und treiben ihre Abreise voran. Nur ein einziger bleibt noch lange mit seinen Augen und Ohren an der Stelle hängen, wo Cundry verschwunden war. Die Aufbruchsstimmung ringsum nimmt er kaum wahr.

Der Liebesknoten

Es ist Gâwân[12], der inmitten der anwachsenden Unruhe und sich ausbreitenden Eile in Gedanken versunken sitzen bleibt, der älteste Sohn von Morgause, der Königin von Lothien und Halbschwester König Arthurs. Gâwân war nach keltischer Erbfolge der nächste auf dem Thron des Königs[13] und erster Ritter am Hofe. Mehr noch: Er war der *Green Knight*, der grüne Ritter, Geliebter der Göttin, der draußen in der Welt für sie, die im verborgenen wirkte, einstand. Doch die Welt war im Laufe der Jahre christlich geworden, und außer König Arthur wußten nur noch wenige von Gâwâns Verbindung mit der Gralsgöttin und seiner Verpflichtung, ihr zu dienen. Die christlichen Ritter spürten wohl, daß er keiner der ihren war, und hatten ihn nach und nach stillschweigend aus ihren Reihen ausgeschlossen. Zu offensichtlich war es, daß ihr Gott und seine Diener in den schwarzen Röcken ihm fremd blieben und er sein Herz an anderer Stelle hinterlegt hatte.

Mit der einen Hand fährt Gâwân über seinen Schild und spurt mit dem Ringfinger den Linien des Wappens nach, das darauf eingraviert ist: dem rund geschwungenen, verknüpften Band in der Form des Pentagramms, des Liebesknotens der Göttin. Mit der anderen Hand faßt er nach seinem Halsschmuck, der *Torques*[14], einem biegsamen Halsring aus einer Vielzahl silberner und goldener Drähte, die jene fließenden, ineinander verwobenen Linien zeigen, mit denen die Goldschmiede des Nordens den Zauber der Gottheit zu einem dichten Muster verwoben.[15] Der Torques war Zeichen der Verbundenheit von Seele und Körper, von unsichtbarer und sichtbarer Welt. Ursprünglich war es allein den keltischen Königinnen vorbehalten, ihn zu tragen. In der späteren Epoche wurde er zum Zeichen des keltischen Kriegers.

Diesen Torques aus Gold und Silber hatte ihm die Göttin in der Hochzeitsnacht geschenkt, vor einer langen Zeit, fast wie in einem andern Leben. Sechzehn Jahre war er damals alt und noch nicht lange am Hof seines Onkels Arthur, des Hochkönigs von Britannien. Da geschah es, daß Arthur im Kampfe mit einem Riesen sein Leben verwirkte. Der Riese tötete den König einzig deswegen nicht, weil der sein berühmtes Schwert Calibur nicht bei sich hatte und es so ein allzu ungleicher Kampf gewesen wäre. Arthur könne sich nur retten, sagte der Riese, wenn es ihm innerhalb eines Jahres gelänge herauszufinden, was Frauen am meisten begehrten; ansonsten würde er ihn ohne Zweifel nach Ablauf dieses Jahres erschlagen.[16]

Da machten sich Arthur und seine Ritter im ganzen Land auf die Suche nach der richtigen Antwort. Wie das Jahr bald um war, waren unzählige Antworten zusammengekommen:

»Frauen wollen geliebt werden!« »Frauen wollen schön sein!« »Frauen wollen Reichtum und Schmuck!« »Frauen wollen gute Liebhaber!« »Frauen wollen Kinder!« Die Liste war endlos. Aber der Riese hatte nicht im Plural gesprochen. Er wartete auf eine einzige Antwort.

Wie Arthur an einem trüben Tag in Begleitung seines jungen Neffen Gâwân gegen Ablauf der gesetzten Frist ziemlich deprimiert dahinritt, trafen die beiden auf die häßlichste Frau, die man sich nur vorstellen konnte. Zwar war sie nicht so fremd und erschreckend wie die Erscheinung von vorhin, irgendwie menschlicher, gestand sich Gâwân ein, aber nicht weniger abstoßend: Ihr Gesicht war rot aufgedunsen; gelbliche Zähne ragten zwischen den schlaffen Lippen; der Kopf saß auf einem dicken Hals, und die ganze Figur war fett und unförmig. Sie kenne die Lösung für König Arthurs Problem und wäre bereit, sie ihm zu sagen, war ihre Rede an den König. Eine Bedingung wäre freilich daran geknüpft: Ein Ritter des Königshofes müsse noch heute ihr Gemahl werden. Arthur lehnte erschrocken ab. Doch er, Gâwân, erklärte sich bereit, die abscheuliche Braut zu freien. Groß war König Arthurs Dank darüber, daß sein erster Neffe dieses Opfer auf sich nahm. Aber das war es nicht, zumindest nicht nur. Gâwân hatte einen Moment lang die Empfindung, als griffen die dunklen und uralten Augen der Frau voll grenzenloser Tiefe und Trauer in ihn hinein, griffen direkt nach seinem Herzen und hielten es für die Länge eines Herzschlages an, drehten es um und um, bis ein Strom des Fühlens zu fließen begann. In diesem Augenblick wurde die Trauer der Häßlichen seine eigene, und es war ihm nicht möglich, sich ihr zu verschließen und ihrem Verlangen nicht zu entsprechen.

So wurde denn Gâwâns Hochzeit mit der Häßlichen gefeiert, und der König erhielt von ihr das gesuchte Lösungswort: *Was Frauen wollen, ist Souveränität.* »Bist du auch sicher«, fragte der König brüskiert, der nur die Souveränität des Landes kannte, die mit der Macht des Schwertes zu erringen und zu verteidigen war und damit eindeutig Männersache, und zwar die des Königs und seiner Ritter. Die weibliche Form der Souveränität, nämlich *nach eigenem Ermessen und im Namen eigener Werte* zu handeln, war ihm fremd und schwer vorstellbar. Arthur spürte Ärger in sich hochsteigen. Hatten er und seine Ritter die Frauen nicht immer mit der Kraft ihrer Schwerter beschützt? »Willst du dein Leben retten, oder willst du deine Empfindlichkeiten pflegen?« bemerkte spöttisch die Häßliche, der der Sturm von Arthurs Gefühlen nicht entging. So ging denn der König mit der befremdlichen Antwort zum Riesen. Er kam als lebender Mann, mit einer schmerzlichen Verwirrung in der Tiefe seines ritterlichen Stolzes zurück.

Später am Abend waren sie alleine, Braut und Bräutigam. Wie kam es, daß Gâwân nicht zurückwich, dieses abscheuliche weibliche Wesen an sein Herz und in sein Bett zu nehmen? Was unterschied ihn von den vortrefflichen Rittern, die selbst um des Königs Leben sich solches nicht zumuten konnten? Möglicherweise wirft Gâwâns Familiengeschichte ein Licht auf sein besonderes Verhältnis zum Weiblichen und die rare Fähigkeit, vor weiblicher Häßlichkeit nicht zu erschrecken. Gâwâns Mutter Morgause, Halbschwester von König Arthur, pervertierte in der christlichen Geschichtsschreibung zur ruchlosen Hexe, zur tiefdunklen Schattenfigur. Was immer Männer an Frauen faszinierte und was sie gleichzeitig an ihnen fürchteten, sei es die männerverderbende Schönheit einer Femme fatale, sei es selbstbestimmte sexuelle weibliche Aktivität, seien es unerwartet losbrechende emotionale Gewitterstürme, sei es der Anspruch auf Autorität, sei es rücksichtsloses Vorgehen ohne einfühlsames Verständnis für männliche Ängste und Bedürfnisse, seien es Intrigen und Anspruch auf Macht – all das wurde Morgause zugeschrieben, und nicht zu knapp. Ganz nebenbei war sie ihren vier Söhnen eine zuverlässige Mutter. Gâwân lernte von Kindsbeinen an die vollständige Palette des Guten und des Bösen, des Schönen und des Häßlichen der Frauen kennen. Er begriff, ohne daß es ihm jemand hätte erklären müssen, daß es keinen Grund gibt, die Kraft von Frauen zu fürchten – solange man ihre Souveränität respektiert.[17]

Der Göttin ging im Verlauf der Geschichte ihr göttlicher Status verloren. Das Weibliche wurde entmachtet, zur Halbschwester des Königs degradiert und schließlich als gefährliche Hexe denunziert, die am Ende gar König Arthurs Untergang herbeiführte. Die strahlende, machtvolle, jungfräuliche[18], Göttin wurde zerstückelt, aufgeteilt in eine häßliche, verachtete, wenn auch immer noch mächtige Hexe und in eine liebreizende unschuldige Magd, deren Aufgabe es war, den göttlichen Stammhalter zu gebären, und die nie zu einer ernstlichen Gefahr des männlichen Machtanspruches werden sollte!

In der Regel mißversteht der Mann die kreativen Prozesse weiblicher Irritation, Desorientierung und Lösungssuche; er wird ungeduldig, wenn Frauen Gefühlsmäßiges und Irrationales vorbringen und besprechen wollen. Anstatt die Frau auf den Spuren ihres schöpferischen Chaos zu begleiten, greift er mit männlicher Autorität ein, sorgt für Strukturen und Ordnung, besetzt den Raum der weiblich-erfinderischen Suche, indem er explizit erklärt, was zu tun sei. Der wachsende Mangel an angepaßten sprachlichen Formen – Männergesellschaften unterdrücken das Weibliche am zuverlässigsten dadurch, daß sie es sprachlos halten – verunmöglicht es der Frau, gegen die vom Manne angebrachten Argumente anzugehen. Am Ende sind Frau und Mann frustriert: Die Frau fühlt sich unverstanden, im Kopf vergewaltigt, total uninspiriert und deprimiert; der Mann wiederum fühlt sich in seinem guten Willen und seinen Anstrengungen nicht gewürdigt.

Es sind männliche Qualitäten der anderen Art, die eine Frau inspirieren und sie animieren, ihr schöpferisches Potential zu entfalten, originale Lösungen zu entwickeln und erfinderische Wege zu finden. Es ist das Potential des »Green Knight«, des Liebhabers der Göttin, der als »männliche Muse« das Denken und Handeln der schöpferischen Frau inspiriert.

Die abscheuliche Gestalt am Straßenrand, die Gâwâns Herz in einer Weise berührte, daß er sich ihr nicht mehr entziehen konnte, ist niemand anders als die Göttin[19], die darauf wartet, hinter der Verstellung in ihrer ursprünglichen Schönheit erkannt zu werden. Die Häßliche ist Führerin durch das unbekannte Reich des Grals. Sie läßt nur jene ein, die in allen Erscheinungen des Lebens, seinen schönen und seinen häßlichen, seinen ekstatischen und seinen erschreckenden, das Gesicht der Göttin wahrnehmen können. Das ist nicht die Wahrnehmung der naiven Unschuld, die den Schrecken und die Enttäuschungen noch nicht kennt, sondern jene des Liebenden, dessen Herz umgedreht wurde, so daß der Strom des Mitgefühls für alles Lebendige überfließen kann.

Was auch immer die Wahrheit über Gâwâns Herkunft und seine Beziehung zur Gralsgöttin ist, offensichtlich ist seine Wahrnehmung des Weiblichen ganzheitlicher, intimer und nicht durch Schönheit oder Häßlichkeit bestimmt. Gâwân entstammt einer älteren Schicht des Bewußtseins, die, anders als unsere Kultur, das Weibliche nicht nur von außen, sondern auch *von innen*, in seiner äußeren Erscheinung wie in seiner spirituellen Dimension, erfährt. Gâwân begegnet dem Weiblichen so, wie dieses sich selbst erfährt. Daraus entwickelt sich eine Nähe zur Frau, die für einen »normalen« Mann undenkbar wäre. Bei Gâwân findet sich nichts von jener männlichen Naivität, die sich durch weibliche Verstellung täuschen, durch emotionale Heftigkeit erschrecken, durch launische Nörgelei irritieren ließe oder die unbedarft auf weibliche List hereinfällt. Anders als sein Onkel, König Arthur, sieht er die Häßliche am Wegrand von außen *und* von innen, sieht ihre Häßlichkeit *und* ihre Schönheit. So ist Gâwân nicht sonderlich erschüttert, wie die Abscheuliche sich in der liebenden Umarmung zu einer wunderschönen Erscheinung wandelt. Solche weibliche Hexenkunst ist ihm von Kindesbeinen an vertraut.

Weil er sie angenommen habe, sei sie nun erlöst, wenn auch nicht vollständig, erklärt ihm seine Braut. Die halbe Zeit müsse sie weiterhin in ihrer erschreckenden Gestalt erscheinen. Er solle entscheiden, ob sie tagsüber oder in der Nacht häßlich sein müsse, ob er sich vor dem königlichen Hof mit ihr schämen oder nachts von ihr abgestoßen sein wolle. Sie lächelt ihm freundlich zu, nur ihre Augen bleiben dunkel. Wer war er, ihr zu sagen, was sie tun solle! *Sie solle schön und häßlich sein, wann und wie sie es für richtig halte*, ist Gâwâns spontane Antwort. Das ist das eine Mal, daß er die Göttin lachen hört. Das Lachen nimmt ihr den Atem, und ihr ganzes Wesen sprüht über vor Freude. Da er sich keinen Moment habe verleiten lassen, über sie zu bestimmen, sei sie nun ganz und gar von dem Fluch erlöst, der sie ihrer ursprünglichen Gestalt beraubt habe. Für einen Augenblick offenbart sie Gâwân ihre überwältigende Schönheit als Gralsgöttin: Ihr Gesicht strahlt von innen, sie ist ganz in Gold gekleidet und ihr Haar feucht von Weihrauch und Myrrhe. Als Zeichen ihrer ehelichen Verbindung legt sie ihm den Torques aus Gold- und Silberfäden um: »Er wird dich erinnern, daß du mein Ritter, der Geliebte der Göttin, bist. Ein Tag wird kommen, an dem du meinen Ruf hören wirst. Dein Herz wird mich in jeder Gestalt erkennen, hinter der ich mich verstecke.« Dann überreicht sie ihm den Schild mit dem Liebesknoten, der Frau und Mann verbindet. »Dieser Schild bürgt für meinen Schutz und meine Liebe. Er wird dich vor der tödlichsten aller menschlichen Plagen schützen, vor der Härte des Herzens.« Am andern Morgen ist sie verschwunden, nur Torques und Schild liegen neben dem Bett als Zeichen, daß Gâwân nicht geträumt hatte.

Gâwân legt seine Hände über sein Gesicht, um die alten Bilder, die in ihm aufstiegen, klarer zu erkennen. Nun sieht er sie wieder in ihrer entfesselten Schönheit, und ihr Anblick löst in ihm endlosen Kummer aus. »Warum entstellst du dich so?« hatte er sie in jener Nacht gefragt. Sie hatte sanft sein Gesicht gestreichelt und gesagt: »Entstellung zerstört die Schönheit nicht; sie vermehrt sie und vollendet sie. Schönheit ist wie alle Perfektion unvollkommen, ohne Geschmack, ohne die Kraft, das Herz zu brechen, damit der innere Strom zu fließen beginnt.«

Der Königsmord

Jemand stolpert über ihn. »Was sitzt du herum und träumst. Die meisten haben es eilig zu packen, den unheimlichen Ort zu verlassen und sich in gemütlichere Gegenden zu verschieben.«

»Zu packen?« Gâwân holt seine Gedanken in die Gegenwart zurück. »Und das Schloß mit den vierhundert Frauen und den vier Königinnen, von denen Cundry gesprochen hat?«

»Nie davon gehört! Was soll man davon halten? Wenn wirklich vierhundert Frauen und vier Königinnen vermißt würden, wüßte man das! Weibergeschwätz!« Die Ritter bröckeln ab. Es zieht sie nichts nach Schastelmarveille.

Gâwân spürt keine Lust zu diskutieren. Diese eifrigen jungen christlichen Ritter, denen es genügte, klug, tugendhaft und männlich zu sein, er ist ihrer herzlich überdrüssig. So ruft er seinem Knecht, die Packpferde zu laden und Gringuljete[20], sein Pferd, zu satteln, und geht noch einmal in des Königs Zelt, sich zu verabschieden und ihm zu sagen, daß er sich auf die Quest nach den verschollenen Frauen mache, von denen Cundry, die Gralshüterin, so Seltsames erzählt hatte.

»Wo willst du sie suchen?« Arthur versteckt seinen Zweifel nicht.

»Ich verlasse mich darauf, daß ich Zeichen erhalten werde«, ist Gâwâns Antwort.

»Zeichen? Welcher Art? Kein Mensch hat je von diesen Frauen und ihrem Schloß gehört!«

Doch inzwischen ist auf der Wiese vor dem Lager ein Lärmen und Streiten ausgebrochen und enthebt Gâwân einer weiteren Antwort. Ein Reiter ganz in schwarzem Eisen ist angekommen. Er hatte sich geweigert, am Rand der Zeltstadt anzuhalten, wie es sich gehört; sich noch entschiedener geweigert, sein Schwert abzugeben, wie es der Brauch ist. In der Mitte angelangt, schiebt er das Visier empor und zeigt ein biederes Männergesicht. »Ist des Königs Neffe, ist der Herr Gâwân da?«

»Und wer seid Ihr?« fragt Gâwân.

»Ich bin Kingrimursel und komme, den Tod meines Königs von Euch einzufordern, den Ihr heimtückisch erschlagen habt! Ich erwarte Euch in vierzig Tagen in Schanpfanzûn zum Zweikampf auf Leben und Tod.«

Gâwân blickt verdutzt. »Ich war es doch gar nicht. Ich kenne Euern Herrn nicht!«

»Wer mordet, lügt auch«, sagt der Schwarze. Gegen solche Logik ist schwer anzugehen, und Gâwân bleibt keine Wahl. Bei seiner Ehre als Ritter wird er also in vierzig Tagen die Herausforderung um den Preis seines Lebens annehmen.

Das verdammte Schanpfanzûn liegt weit im Süden. Vierzig Tage dorthin, das ist nicht zuviel. Gâwân macht sich mit seinem Pferd Gringuljete mit wilder Verbissenheit auf den Weg. Die Packpferde haben Mühe, das Tempo zu halten. Eine leise Stimme in ihm frägt spöttisch: Und Schastelmarveille, und die verzauberten Frauen? Und eine andere antwortet zornig: Ein Zeichen taugt so gut wie das andere.

Doch dem Zuschauer der Szene bleibt die Irritation. Was soll dieser vermeintliche Königsmord und die geforderte Revanche, die den begonnenen Aufbruch nach Schastelmarveille aufhält, vielleicht ganz zunichte macht, sollte Gâwân den Zweikampf nicht überleben? Eine solche Anschuldigung ist in einer mythologischen Erzählung mehr als zufälliges Zwischenspiel; sie hat grundsätzliche Bedeutung. Kingrimursels Auftauchen und der Königsmord, den er zu rächen gedenkt, werden erst verständlich, wenn Gâwâns Suche nach den verstummten Frauen als *Tabubruch* verstanden wird. Die Aufgabe des Tabus ist es, die gültigen Wertvorstellungen einer Gesellschaft zu schützen, deren höchster Vertreter der König ist. Im mythischen Denken gehen Tabubruch und Königsmord ineinander über; wer ein Tabu bricht, greift den König selbst an, der das kollektive Gesetz vertritt, das, was man tun darf, und das, was man nicht tun darf!

Wenn Gâwâns Quest nach den verwunschenen Frauen damit beginnt, daß er wegen Königsmordes gerichtet werden soll, ist dies ein Omen, daß die herkömmliche Ordnung frauenfeindlich geworden ist und die Rückkehr der Frauen als unzumutbar, als Tabubruch erfährt.

Manchen Frauen gelingt es, ihr Schicksal im Rahmen von traditionellen Werten und deren Tabus zu akzeptieren. Sie finden innerhalb der sozialen, intellektuellen und geistigen Anregungen einer patriarchalen Welt Sicherheiten, Befriedigungen und Kompensationen, die für sie wichtig sind. Frauen mit einem Bedürfnis nach mehr Authentizität sind aus existenziellen Gründen gezwungen, sich anzupassen. Das bedeutet für diese Frauen zwangsläufig, sich noch mehr anzustrengen, um den gesellschaftlichen Erwartungen zu entsprechen und sich in das vorgegebene Weltbild einzufügen. Selbst oder gerade die Emanze, die der Hexe von einst nahekommt, muß sich hüten, aus dieser Ordnung herauszufallen; die wirtschaftlichen Folgen können unter Umständen so beängstigend sein wie ein Scheiterhaufen.

Beginnen Frauen in einem öffentlichen Rahmen ihren Wahrnehmungen und ihrer Intuition zu vertrauen, authentisch ihre eigene Meinung zu vertreten und entsprechend zu handeln, ziehen sie mit Sicherheit den Zorn Kingrimursels auf sich. Es kommt zur feindseligen Entwertung, zur Diskriminierung ihrer originalen weiblichen Absicht – oder aber zu einem schlichten Übersehen und Überhören der Begabungen und Leistungen der Frau, so als ob sie nicht wirklich existierten oder zumindest nicht bedeutungsvoll genug wären, um beachtet zu werden.

Doch überlassen wir Gâwân auf seinem holprigen Ritt nach Schanpfanzûn seinen eigenen Überlegungen. Wir hingegen überblättern hastig sieben Jahrhunderte, um den Anfang der zweiten Heldinnen-Geschichte zu finden, des Schicksals von Ada McGrath aus Aberdeen in Schottland, dem alten Lothien von Königin Morgause.

Ada McGrath I
– Die verbannte Frau

Szenen nach Roman und Film von Jane Campion und Kate Pullinger[21]

Der Mythos hat nur entfernt Ähnlichkeit mit unseren alltäglichen Erfahrungen. Er zeichnet die dunklen Grundlinien des menschlichen Schicksals, Linien, die sich in den Widersprüchlichkeiten und Zufälligkeiten des individuellen Lebens nicht ohne weiteres erkennen lassen.

Das literarische und filmische Drama nimmt eine Art Mittelstellung ein zwischen den konkreten Ereignissen und dem imaginären Geschehen des Mythos. Es stellt die mythologische Imagination behutsam auf den Boden der gelebten Wirklichkeit und läßt sie darauf spazieren. Eine solche Vermittlerstellung nimmt der Film »Das Piano« und dessen Heldin Ada McGrath in dieser Trilogie ein. Ada ist eine fiktive Frau in einer realen Zeit und an realen Orten. Die Zeit: die viktorianische Ära am Ende des 19. Jahrhunderts. Die Orte: Schottland, später Neuseeland.

Das Piano

Das Piano war aus poliertem Rosenholz, und in seinen Deckel waren zarte, verschlungene Pflanzenmotive geschnitzt; es hatte Adas Mutter Cecilia gehört, die drei Wochen nach Adas Geburt gestorben war.[22] Für Ada McGrath wurde das Piano zu einer Art Übergangsraum, in dessen Schutz ihre verstörte Seele sich zurückzog und verpuppte. Für Ada war das Piano mehr als ein Gegenstand, es war ein lebendiges Wesen und eine innere Landschaft. Da sich Ada kein Bild von ihrer verstorbenen Mutter machen konnte, beschwor sie beim Spielen auf dem Piano ein Gefühl aus schwebenden Klängen, vermischt mit dem Duft von Rosenholz, und nannte dieses Gefühl »Cecilia«.

Ada verbrachte ihre Kindheit auf dem väterlichen Gut in Schottland. Im Alter von sechs Jahren geschah es: Ada hörte von einer Stunde zur andern zu sprechen auf. Dafür gab es natürlich Gründe, aber keiner machte sich ernstlich die Mühe, Adas Stummheit zu hinterfragen; am Ende hatte selbst Ada den zwingenden Anstoß ihres Schweigens vergessen. Gänzlich davon befreit, sich der Welt zu erklären, lernte Ada das, was sie wollte. Ihr Vater erlag, hilflos, vor dieser stummen Unerreichbarkeit und mußte seinen Anspruch, die Tochter nach seinem Bild und zu seiner Freude zu formen, fallenlassen. Der selbstgewählte Rückzug gab Adas Wesen eine außergewöhnliche Ausformung, eine innere Kraft und Determiniertheit, die sich allem verweigerte, was durch Verführung oder Drohgebärde über sie bestimmen wollte.

Am liebsten spielte Ada auf dem Piano. Sie spielte jeden Tag zwei Stunden, an manchen auch länger. Obwohl sie nie Unterricht bekommen hatte, konnte sie jede Melodie nachspielen, die sie einmal gehört hatte. Adas Spiel war schlicht, aber leidenschaftlich und musikalisch. Sie wiegte sich beim Spielen hin und her und hatte dabei die Augen die meiste Zeit geschlossen, um ganz in jenem wunderbaren Gefühl, dem sie den Namen »Cecilia« gegeben hatte, aufzugehen.

Das ging so fort, bis Ada sechzehn Jahre alt war. Zu der Zeit kam ein Klavierlehrer ins Haus, um sie in Musiktheorie zu unterrichten. Er hieß Delwar Haussler. Die Kunst des Notenlesens war für Ada eine Offenbarung, und ihre Leidenschaft für die Musik erhielt eine neue Dimension. Nach einiger Zeit war sie schwanger. Ada war ohne mütterlichen Beistand in die Pubertät eingetreten und erkannte jetzt instinktiv ihre Schwangerschaft, obgleich sie niemand darüber aufgeklärt hatte. Der Klavierlehrer blieb verschwunden.

Als Flora, Adas Tochter, sieben Jahre alt wurde und das Gerede in der Stadt über die stumme Frau und ihre Tochter nicht aufhörte, gab der Vater eine Annonce auf, um einen Ehemann für Ada zu finden. Auf diese Annonce antwortete Alisdair Stewart aus Neuseeland. Die eheliche Verbindung wurde notariell geschlossen, und Ada McGrath begab sich zusammen mit ihrer Tochter Flora auf die lange Reise auf die andere Seite der Welt. Das Piano kam mit im Laderaum des Schiffes, in einer Holzverschalung eingeschlossen, wie ein wildes Tier in einem Käfig.

Doch verweilen wir noch bei der verstummten sechsjährigen Ada. Was war geschehen? Was war Ursache dieses hysterischen Symptoms? Weibliche Wesen sind für ihren Einfallsreichtum berühmt, die Welt mit hysterischen Symptomen zu tyrannisieren. Freud ist daran verzweifelt, und er ist nicht der einzige. Im Roman *Das Piano* füllen Jane Campion und Kate Pullinger die Lücke, die der Film offenläßt, mit der »Urszene«, der Beschreibung jenes Momentes, als Ada im Alter von sechs Jahren zu sprechen aufhörte und sich in das Schweigen wie in eine vieltürmige, uneinnehmbare Burg zurückzog. Unter »Urszene« sollte nicht ein einmaliges, überwältigendes Erlebnis verstanden werden; die Metapher der »Urszene« hält eine allgegenwärtige Verstimmtheit fest, ein chronisches Mißvergnügen, und verdichtet es in ein entsprechendes Bild.

Die zwei ältlichen Schwestern des Vaters waren zu Besuch gekommen. Der Vorfall ereignete sich beim Abendessen. In der Pause zwischen dem Hauptgericht und dem Servieren des Desserts zog die kleine Ada die Aufmerksamkeit der Gäste auf sich, indem sie in aller Ruhe und mit äußerster Sorgfalt den Zuckerstreuer über der dunklen Tischplatte ausleerte, den wunderlichen weißen Hügel plattdrückte, den Zeigefinger anleckte und ihren Namen, Ada, in den Zucker schrieb. Die beiden Tanten räusperten sich und blickten ihren Bruder auffordernd an, solchem Treiben Einhalt zu gebieten. Der richtete nun ebenfalls sein Interesse auf das Kunstwerk und brüllte Ada an: »Was hat das zu bedeuten?«

»Ich male im Schnee, Vater«, antwortet diese mit ihrem zarten hellen Stimmchen.

»Das ist kein Schnee, das ist Zucker, kostbarer Zucker«, korrigierte die Tante.

»Nein, Tante, das ist Schnee, ich habe ihn auf den Tisch rieseln lassen.«

»Steh auf und komm zu mir«, unterbrach der Vater die Diskussion.

Doch das kleine Mädchen konnte nicht alleine von seinem hohen Stuhl steigen und sagte es ihm. Diese wohlbekannte Tatsache brachte den Vater vollends aus dem Konzept: »Du sagst kein Wort mehr und gehst auf dein Zimmer, Kind, denn so wie es aussieht, machst du den Mund ohnehin nur auf, um deinem Vater zu widersprechen.«[23]

Ada nahm ihren Vater beim Wort. Sie sprach nicht mehr, nicht an diesem Tag, auch nicht am nächsten und übernächsten, und sprach seither kein einziges Wort mehr. Ihr Schweigen verwandelte sich in eine unangreifbare Aura, die endgültigere Grenzmarken setzte, als Erklärungen es je vermocht hätten. Die Zeit verging, und Ada wuchs zu einer stummen Frau heran.

In früheren Kulturen wurden Töchter öfters ausgesetzt, weil die Eltern nur auf einen männlichen Nachkommen Wert legten. In unserer Kultur erleben Mädchen und Frauen ein solches Ausgesetztwerden in den subtileren Formen des Nicht-gehört-Werdens. Wenn das Schicksal eines heranwachsenden Mädchens so ganz und gar vom väterlichen Wort – sei dieses durch den Vater oder durch die vielen Münder der gesellschaftlichen Traditionen ausgesprochen – abhängig wird, ist es unter Umständen eher ein Segen als ein Fluch, wenn das Mädchen von der »Väterwelt« ausgesetzt wird oder sich aus eigener Entscheidung zur Ausgesetzten macht. Verlassenheit im negativen Sinne kann dann zur Verlassenheit im positiven Sinne werden: zu Freiheit, Spontaneität, Kreativität. Durch das weibliche Ausgesetztsein eröffnet sich ein neuer Weg, heraus aus der einengenden *Magier-Vater-Konstellation* auf einen noch unbekannten Grund, wo die Kreativität des Mädchens sich einen eigenen Garten schaffen kann.

Adas Verstummen war ein kreativer Akt, der den Mangel an Sinnlichkeit, Fantasie, Gefühl und Leidenschaft, der die Familienatmosphäre wie die gesellschaftliche Stimmung ihrer Zeit auszeichnete, kompensierte. Adas Ungehorsam und Verlassensein, ihr Sitzen und Spielen am Piano, jeden Tag, Stunde um Stunde, gleicht dem mythologischen Gang durch die Unterwelt, um das verlorene Lebensgefühl zurückzuholen, damit das Leben endlich beginnen kann. *Ungehorsam* und die daraus sich ergebende Erfahrung des Ausgesetztseins sind Kennzeichen des *weiblichen Individuationsprozesses*[24] innerhalb einer patriarchalen Gesellschaft. In dieser ist die ideale weibliche Identität an männlichen Werten orientiert, und das »Nein« der Frau, vor allem, wenn es im Dienst ihrer eigenen Bedürfnisse – der intellektuellen, der emotionalen wie der sexuellen – steht, wird unbewußt als Tabubruch registriert und löst unheimlichen Ärger aus.

Adas kindlicher Ungehorsam ihrem Vater gegenüber war kein geplanter oder gewollter Akt, dies wäre für das kleine Mädchen eine unmögliche Willensleistung gewesen. Es war die sich selbst organisierende Psyche, die sich verweigerte und zum Rückzug führte. In diesem Rückzug wird Ada zur Tochter der Göttin, die ihr an einem schützenden Ort der Imagination, des Rosenholzduftes und des leidenschaftlichen Klanges für eine bestimmte Zeit Zuflucht vor der Übergriffigkeit der väterlichen Welt gewährt. »Cecilia«, das ist die Vision einer Welt, in der Adas Werte anerkannt, genährt und gefördert werden; »Cecilia« ist der Ursprung von Adas kindlich ungehorsamer innerer Stimme, die ihr zu schweigen befiehlt. Wenn als Folge dieses Ungehorsams ein Teil ihrer selbst sich einsam und unverstanden fühlt, so sagt ihr ein anderer Teil, daß sie ihre Seele verlöre, gäbe sie »Cecilias« Welt aus Klang, Gefühlen und

Ahnung preis, akzeptierte sie, daß Zucker nichts weiter als Zucker ist.

Die Reise ans Ende der Welt

Zu Beginn des Films ist Ada dreiundzwanzig Jahre alt; siebzehn Jahre des solidarischen Schweigens liegen hinter der jungen Frau, wie sie das Haus ihres Vaters verläßt und das Schiff besteigt, um ans »Ende der Welt« zu reisen.

Die »Reise ans Ende der Welt« entspricht einem Ritual der Wandlung, das von einer Lebensstufe zur nächsten hinüberleitet. Rituale werden manchmal als innere Reisen beschrieben; bei einem echten Ritual findet eine solche Reise sowohl innerlich wie im äußeren Leben statt. Adas »Reise ans Ende der Welt« ist einerseits eine konkrete Reise von Schottland nach Neuseeland, von der nördlichen zur südlichen Halbkugel, und andererseits die Geschichte einer Initiation, die Ada – die nie Pubertäts-, Schwangerschafts- oder Geburtsriten erfahren hatte – die spirituelle Bedeutung des Frauseins eröffnet. Ada hatte keine Anleitung erhalten, wie man im psychologischen Sinne eine Frau wird, in seinen Körper Einzug hält und sich als Teil des Lebens begreift; sie war verwunschen und eingesperrt.

Alle Geschichten von der Reise ans Ende der Welt erzählen von einem Durchgang durch eine Art psychischen Geburtskanal, von Tod, Opfer und von Wiedergeburt. Eine dermaßen schwerwiegende Reise wird notwendig, wenn das Schicksal uns einen Entwicklungsschritt abverlangt, den aus eigener Einsicht zu leisten wir nicht fähig wären. Die »Reise ans Ende der Welt« stößt uns deshalb eher zu, als daß wir uns für sie entschieden hätten.[25]

Es beginnt meistens damit, daß uns etwas, von dem wir glauben, daß wir es unbedingt brauchen, weggenommen wird, sei es durch Tod, eine traumatische Niederlage, Krankheit, Scheidung oder einfach beim Übergang von einer Lebensphase in die andere. Durch den Verlust sind wir gezwungen, ein anderes Wissen und neue psychische Qualitäten in uns zu entdecken, zu denen wir aber vorerst den Zugang nicht finden; erst mit Hilfe der »Reise ans Ende der Welt« kommen wir in Kontakt damit.

Rituelle Geschichten unterstützen Menschen in solchen kritischen Situationen. Sie stimmen uns darauf ein, unsere überholten Lebensformen und Wertvorstellungen loszulassen. Besitzen wir die notwendige Stärke, um dem Schmerz, der Trauer, der Verunsicherung und den Konflikten, die mit der rituellen Reise verbunden sind, standzuhalten, dann beginnt eine Art seelische Häutung; wir entdecken Schritt für Schritt eine neue, bisher unbekannte Dimension unser selbst. Ohne verbittert zu sein oder uns von der eigenen Realität abzuschneiden, gewinnen wir mit Hilfe des Rituals die notwendige Weisheit, das, was uns zustößt, in einen größeren Lebenszusammenhang einzuordnen. Wir werden im psychologischen Sinne wiedergeboren: Das alte Ich geht unter, und das neue taucht empor wie der Phönix aus der Asche!

Fehlt uns hingegen diese seelische Stärke, das Opfer, das das Leben uns abfordert, zu leisten, versteinern wir wie ehemals Lots Frau; statt Erneuerung und Wiedergeburt zu erfahren, werden wir von Ressentiment, Selbstmitleid und lähmender Resignation überwältigt und können uns nicht mehr von der Stelle rühren.[26] Wir werden zum Opfer der erzürnten Göttin.

Orgeluse II
– Die Freibeuterin

Die erste Stufe der Initiation

Gâwân war schon mehrere Tage unterwegs, als er auf einen Kriegszug stieß. Ein junger König begehrte ein schönes Mädchen namens Obie zur Frau. Der Vater der Schönen, selbst Lehnherr des Königs, hatte gegen diese Verbindung nichts einzuwenden, im Gegenteil; jedoch die Begehrte hatte mit spöttischer Zunge den Antrag lächerlich gemacht und den königlichen Junker aufgefordert, erst einmal sein Benehmen aufzupolieren, bevor er sich einfallen lasse, seine Werbung im Ernst vorzutragen. Dies vorausgeschickt, liebe sie ihn nach Noten und begehre keinen andern. Der König wollte sich soviel weibliche Unverschämtheit nicht gefallen lassen und war entschlossen, ihr vorzuführen, was ein Mann sei, und zwar in einer Tonart, die sie nicht so leicht vergessen werde. So machte er sich mit seiner Ritterschar auf, die Burg der Widerspenstigen mit Pauken und Trompeten in Besitz zu nehmen.

Gâwân zögerte, wie er diese Nachricht hörte. Vierzig Tage nach Schanpfanzûn,, das war knapp und ließ keine Zeit zum Trödeln in ritterlichem Gerangel. Andererseits – tauchte hier möglicherweise eine Spur auf, die zu den verschollenen Frauen führen konnte? Im Dilemma zwischen ritterlichem Ehrenwort und dem Ruf der Göttin entschied er sich für den letzteren[27]. Bei der belagerten Burg angekommen, trifft er auf die schöne Obie mit der spitzen Zunge, die so grob eines Besseren belehrt werden sollte. Sie steht gut sichtbar oben auf der Rundmauer der Burg und verschont auch Gâwâns Ankunft nicht mit ihrem frechen Witz; an ihrer Seite ihre kleine Schwester Obilôt, mit frechem Kindernäschen und Puppe im Arm.

Beeindruckt von der prächtigen Erscheinung des Ritters und mit sicherem Instinkt für die Möglichkeit, die sein Auftauchen eröffnet, zögert die kleine Obilôt keinen Moment: Sie läßt ihre Puppe fallen und packt entschlossen das Handgelenk des Ritters. Er müsse für sie und ihre Schwester in den Kampf ziehen, ihnen helfen, die Situation zu ihren Gunsten zu entscheiden, verlangt sie von ihm. Da tut der Ritter mit dem golden ziselierten Brustpanzer und dem blinkenden Rubin im Schwertgriff etwas Erstaunliches, ja Atemberaubendes. Er nimmt die Hände des rotznasigen kleinen Mädchens zwischen seine beiden Hände und antwortet: »Was du befiehlst, das kann ich dir nicht abschlagen. Du mußt wissen, ich bin ein Ritter aus dem Land der Göttin. Willst du, daß ich kämpfe, so liegt mein Schwert in deinen Händen; kämpft einer gegen mich, bist du es, die dann reitet, um zu parieren, und die für mich die Waffe führt. Unten werden die anderen mich kämpfen sehen, doch Sieg oder Niederlage geschehen in deinem Herzen und in deinem Kopf. Glaubst du, daß du so etwas vermagst?«[28]

Die Kleine, keineswegs erschrocken vor der Größe der gestellten Aufgabe, antwortet ernst: »Das macht mir gar nichts aus. Ich bin gern Euer Schutz und Euer Schild, bin Euer Herz, das Euch vor Mißgeschick bewahrt, so daß Ihr nicht Euern Mut verliert. Ich bin Herr und Herrin dieser Burg. Wenn Ihr darin Vertrauen habt, so bleiben Mut und Glück bei Euch.«[29]

So wurde der Bund geschlossen, und Gâwân ritt los in den Combat. Was er da an Rittern warf! Was er da an Lanzen brach! Und wie er da den frechen Buben, der den beiden Schwestern den Respekt verweigert hatte, mit der Lanze traf, daß der hinterm Pferd platt auf den Boden zu sitzen kam! Blessiert und blamiert stand der junge König nun vor der begehrten Schönen. Wenn's recht sei, solle sie ihm doch *ihre Bedingungen der Werbung* erklären. Das alles sei ein Mißverständnis; es wäre niemals seine Absicht gewesen, sie zu kränken oder sie gar zu überwältigen.

Ich möchte die Poesie des Mythos nicht in die viereckigen Kästchen der Deutung verpacken, sondern einzig auf den unterschiedlichen Verlauf der beiden »Urszenen« im Orgeluse-Mythos und in der Ada-Erzählung hinweisen. Die Niedlichkeit der kleinen Mädchen sollte nicht dazu verführen, die Gewichtigkeit dieser beiden Szenen zu unterschätzen. Im Dialog mit Obilôt gibt sich Gâwân als Ritter der Göttin zu erkennen. Er outet sich als jenes Männliche, das das Weibliche weder erobern noch vor bösen Drachen erretten muß, sondern Hand und Schwert des Weiblichen selber ist, sichtbarer Ausdruck weiblicher Stärke.

Weibliche Stärke scheint in der Familie der beiden Schwestern Obie und Obilôt zu liegen. Der Vater zeigt einen erfrischend unmännlichen Mangel an männlicher Entschlossenheit; zwar möchte er seinem König gefallen und dessen Wünschen entgegenkommen, er kann sich ein anderes Verhalten auch gar nicht leisten; gleichzeitig ist er selbstbewußt genug, um auch gegen den Willen des Königs die Vorstellungen seiner Töchter zu respektieren; darin zeigt sich eine Reife und Gelassenheit, die wir beim Vater Adas vermißten.

In diesem Feld väterlicher Unentschlossenheit und in der schützenden Solidarität einer schwesterlichen Beziehung gelingt es den beiden Mädchen, ihr Schicksal in die Hand zu nehmen und ihre Souveränität zu behaupten. Die ältere der beiden, Obie, läßt sich durch die Machoallüren ihres königlichen Werbers nicht beeindrucken, sie besteht mit allem Nachdruck darauf, daß er ernst nimmt, was sie sagt, daß er ihre Wünsche und Vorstellungen respektiert und sie nicht einfach überhört, auch wenn sie ihm nicht ins königliche Konzept passen. Sie gibt offen zu verstehen, daß ihr an der Verbindung gelegen sei, daß sie ihren ungestümen Freier von Herzen liebe; doch diese Liebe hindert sie nicht daran, dem königlichen Selbstverständnis, das ungefragt über sie verfügt, mit spöttischer Entschlossenheit Grenzen zu setzen. Obies Stärke besteht darin, das Spannungsfeld von Liebe und weiblicher Souveränität auszuhalten und eine Lösung zu erstreiten, die beiden Polen des Konfliktes gerecht wird. Obies unangepaßter, spöttischer und frecher Charakter, der nicht bereit ist, weibliche Souveränität gegen Liebe einzutauschen, ist eine zeitlos aktuelle weibliche Figur.

Das Talent Obies, die Regeln der Beziehung vorzugeben und darauf zu bestehen, daß sie eingehalten werden, stützt sich nicht zuletzt auf die schwesterliche Verbindung mit der kindlichen Obilô, die noch einen unverbogenen Glauben an sich selbst besitzt. Mit einer anderen Frau schwesterlich umzugehen, außerhalb von Neid und Konkurrenzdenken, erlaubt ein freies Ausprobieren weiblicher Möglichkeiten, ohne daß die Frau sich schützen muß oder sich gezwungen sieht, sich selbst zu bespitzeln. Obilôt, das unerschrockene kleine Mädchen, und Obie, die junge liebende Frau, sind ineinander übergehende weibliche Entwicklungsschwerpunkte. Obilôt, das kleine Mädchen mit dem sicheren Instinkt, wie es erreichen kann, was es erreichen will, verkörpert eine ursprüngliche weibliche aggressive Selbstbestimmung, mit der ein heranwachsendes Mädchen seinen Willen erprobt, um zu lernen, für sich und seine Bedürfnisse geradezustehen. Obilôts spielerische Übung in weiblicher Aggressivität ist die Voraussetzung von Obies Fähigkeit, klar und entschlossen auszudrücken, was sie von der Frau-Mann-Beziehung erwartet; dem Mann, der ihr am Herzen liegt, nicht zu erlauben, die Grenzen, die sie setzt, selbstherrlich zu übertreten; die Spannung zwischen Selbstbestimmung und liebender Bezogenheit auszuhalten.

Obilôts und Obies Aggressivität drückt sich nicht durch physische Kraft aus – da stünden sie in der Auseinandersetzung mit dem Mann auf verlorenem Posten –, sondern vielmehr durch Witz und Spott, durch Gelächter, durch Lust am Widerspruch, Launen scheinbar »aus dem Blauen heraus«, die für Unruhe und Ärger in der Beziehung sorgen, mit dem letztlichen Ziel, die Beziehung zwischen Mann und Frau anzureichern, zu beleben und zu differenzieren, sie einer ständigen kreativen Reorganisation auszusetzen.

Obies kriegerische Haltung dient nicht nur der Verteidigung ihrer Würde als Frau, sondern steht darüber hinaus für die weibliche Bereitschaft, für wirkliche Bezogenheit in der Frau-Mann-Beziehung zu streiten.

Obie und Obilôt symbolisieren den *Freibeuterin*-Aspekt des weiblichen Initiationsritus. Obilôt ist das Mädchen in der Frau, das noch unbelastet ist vom Anspruch der weiblichen sozialen Verfügbarkeit, vom mütterlichen Instinkt der Rücksichtnahme, vom sexuellen Instinkt, zu gefallen und den Mann ihrer Träume bei Laune zu halten, und vor allem unbelastet von der untergründigen Panik, daß gegen männliche Aggression und deren physische Übermacht kein Kraut gewachsen sei. Der *Freibeuterin*-Aspekt erinnert Frauen außerdem daran, daß die ältesten Göttinnen der Menschheit schließlich Kriegsgöttinnen waren.

Die ältere der beiden Schwestern, Obie, läßt sich durch die Kriegsdrohung nicht davon abhalten, ihren Ritter vor den Burgmauern nach Noten zu ärgern. Sie erkennt mit feinem Gespür hinter dem demonstrativen Kriegsgeschrei der prächtig gewandeten Ritterschar altbekannte Knabenspiele um Geltung und Selbstdarstellung – und reagiert entsprechend. Zwar ist sie verärgert über die Anmaßung ihres Freiers und zeigt es ihm auch; aber sie grollt ihm nicht auf Dauer. Irgendwie versteht sie seine Hilflosigkeit und sein knabenhaftes Unvermögen und kommt ihm am Ende großmütig entgegen. Sie will ihn nicht endgültig demütigen. Was sie erreichen will, ist, daß er ihr »*Nein, so will ich es nicht*« respektiert. Das gelingt ihr mit der Unterstützung von Obilôt, dem unerschrockenen Mädchen in ihr.

Freud verdächtigte die Frauen des angeborenen Masochismus. Dies war eine männliche Mißinterpretation einer korrekten Wahrnehmung, wie Freud überhaupt ein sehr sensibles Gespür für weibliche Prozesse hatte; doch fehlte ihm aus dem Blickwinkel seiner Zeitepoche das Werkzeug, damit umzugehen. Wenn weibliche Aggression und Anspruch auf Souveränität keinen angemessenen

Ausdruck finden, wenn von Mädchen erwartet wird, daß sie ein-fühlsam, kommunikativ und liebevoll sein sollen, wenn sie die vie-len möglichen Varianten von »Nein, so will ich das nicht« nicht proben können, wenn sie nicht frech, spöttisch und rücksichtslos ihren Vätern, Onkeln, Brüdern und Lehrern Grenzen setzen dür-fen, wenn der weibliche kriegerische Ungehorsam in der Kindheit unterdrückt wird, dann bleibt der erwachsenen Obie nichts weiter übrig, als die Anmaßung ihres Freiers mit masochistischer Lust hin-zunehmen, die Fremdbestimmung zu akzeptieren und sich selbst den Krieg zu erklären. Wie könnte die junge Frau den Witz auf-bringen, angesichts des lärmenden männlichen Machtpotentials vor der Burgmauer, Männeranmaßung zu durchschauen und sie zum Nutzen aller Beteiligten zu kanalisieren, wenn sie die nötigen Strategien nicht schon als kleines Mädchen erlernt hätte? Unter dem Deckel des weiblichen Masochismus tobt die Wut und drängt die unbefriedigte Sehnsucht, eigenen Handlungsspielraum zu erproben.

Eines der größten Hindernisse auf dem Weg der Frau, ihrem »angeborenen Masochismus« zu entkommen und ihrer Berufung zu folgen, ist ihre Angst vor unangemessenem, unsozialem Verhal-ten, die Angst, nicht zu gefallen und die anderen vor den Kopf zu stoßen, nicht geliebt und respektiert zu werden. Solche Ängste haben auch Männer, aber sie werden bei der Frau noch dadurch gesteigert, daß gesellschaftliche Toleranz echtem oder scheinbarem sozialem Fehlverhalten Frauen gegenüber kleiner ist als bei Män-nern.

Gerade die größere soziale Kompetenz, die der Frau zugespro-chen und von ihr erwartet wird, richtet sich gegen sie selbst, wenn sie es riskiert, dem Bild, das unsere männlich dominierte Kultur über sie gemacht hat, nicht zu entsprechen. Handelt eine Frau auto-ritär und mit aggressiver Entschlossenheit, wird dies nicht ohne weiteres als Ausdruck von Führungsqualität gehandelt wie im Falle eines Mannes, sondern als unpassendes und unkooperatives Verhalten. Männlicher Ungehorsam ist ein Zeichen von Charakter; weiblicher Ungehorsam ein Zeichen von Unverschämtheit. Die Folge davon ist, daß Frauen sich immer noch weitaus häufiger als Männer aus Angst vor Kritik und Entwertung selbst blockieren. Außerdem gestatten Frauen den Männern, mit ihnen Macht- und Kontrollspielchen zu treiben, und lassen sich durch männliche Zustimmungs- und Anerkennungsrituale verunsichern. Auf diese Weise opfern sie ihr individuelles, kreatives Leben, und selbst »emanzipierte« Frauen verharren, wenn es darum geht, Ungehorsam und Verlassenheit zu riskieren, im Status quo. Der Preis für das Nichtbeachten der eigenen Berufung ist hoch. Das Unausgelebte, das Nichtgetane werden Anlaß zu nagenden Schuldgefühlen, Selbstvorwürfen und Freudschem Masochismus.

Das Erschöpfendste im Leben ist, gegen seine eigene Berufung und deren Kreativität zu leben und nicht das zu tun, was wir tun könnten. Die *Freibeuterin* vertraut ihrem Impuls; sie verläßt sich darauf, daß sie nicht verlassen im Regen stehen wird, daß sie auf eine Schwester treffen wird, die mit ihr solidarisch ist – so wie sie es umgekehrt auch wäre.

Der weibliche Initiationsritus, der mit dem Auftritt Cundrys begonnen hatte, zielt letztlich auf die spirituelle Dimension des Seins – und beginnt im Bild der Freibeuterin doch ganz profan mit einer Übung in weiblicher Aggression. Es geht darum, weibliche Macht zu gewinnen, um sein Leben kontrollieren zu können, um selbstverantwortlich zu handeln und selbstbestimmt zu leben.

Es ist nicht so, daß Frauen keine Macht hätten; sie haben sie auf vielerlei Weisen, und manche beginnen, Rollen der Macht zu übernehmen, die traditionell männlich besetzt sind. Doch das traditionelle Bild der Macht ist weiterhin der König oder eine Art Königsersatz, jedenfalls ein Mann, umgeben von Männern in einer männlich orientierten Welt, gestützt durch die Symbole und Kulissen einer männlichen Technologie von Soldaten, Flugzeugen,

Geheimdiensten, Helikoptern ... Die Fähigkeit, persönliche Macht zu erringen und die Welt zu kontrollieren, erweist sich als essentiell männliches Attribut.

Das letztgültige Symbol der Macht ist Gottvater, der lobt und anerkennt oder verwirft und bestraft. Das gibt Männern einen unschätzbaren Vorsprung, wenn es gilt, Macht und Autorität zu etablieren. Viele erfolgreiche Frauen versuchen diesen Mangel an mythologischer Rückendeckung weiblicher Autorität durch Charme und Witz zu kompensieren oder aber durch eine überkritische, vorwurfsvolle, nörgelnde Haltung, die unbewußt von der Erfahrung ausgeht, daß ihre Autorität in Frage gestellt ist. Ihre eigene Stimme der Autorität haben sie noch nicht gefunden.

Frauen mögen erfolgreich sein, herausstehend intelligent, brillant – die Schlüssel der Macht werden nahezu ausnahmslos weiterhin von Männern verwaltet. Oder wie es eine Frau in einer wirtschaftlichen Top-Position ausdrückte: »Das Heimtückische, Unangreifbare ist, daß ich mit Leuten verhandle, die unausgesprochen davon ausgehen, daß die *wirkliche* Autorität irgendwo anders ist; es verwirrt sie und macht sie gereizt, ihre Vorstellung von Autorität auf eine Frau zu projizieren. Das drückt sich dann etwa so aus, daß sie hinter meinem Rücken die Meinung vertreten, ich hätte nicht die notwendige Autorität und Persönlichkeit für diesen Job; oder sie vermuten, daß ich mich an Instruktionen einer geheimen männlichen Autorität halte. Ich treffe eine Entscheidung, und sie akzeptieren sie, weil sie müssen. Aber sie möchten diese Entscheidung durch einen Mann bestätigt bekommen, sie wollen die vertraute Mann-zu-Mann-Konfrontation. Mein Ja oder Nein ist nicht das, was ihnen Vertrauen gibt.« Auch Obies Entscheidung wird vom jungen König zunächst nicht akzeptiert. Die Schwierigkeit, die Autorität einer Frau zu respektieren, ist zwar primär das Problem des Mannes, aber die Frau muß Lösungen finden, es zu handhaben; schafft sie das nicht, ist sie die Leidtragende.

Die Strategien Obies

Obilôt und Obie sind Gegenmythos und ein Modellfall, mit welchen Strategien die Frau persönliche Macht erringen kann. Männer lernen von früh auf ganz selbstverständlich, Ältere und Mächtige in Positionen der Macht nachzuahmen; was an passenden Beispielen in der konkreten Außenwelt fehlt, liefern die Medien nach. Solche Übungen führen die Frau in eine Sackgasse, denn als potentielle Teilnehmerin in den Konspirationen der Männerspiele, den »boy-games«, schafft sie es bestenfalls bis ins Mittelfeld, im obersten Drittel hingegen fällt sie flach. Es fehlt ihr nicht nur der männliche Instinkt für diese Art von Powerplay; sie hat auch praktisch keine Chance, innerhalb der »boy-games« in einer Spitzenposition akzeptiert zu sein.

Obie gewinnt ihren Krieg dadurch, daß sie sich offen und ohne sich dafür zu entschuldigen *nicht* an die männlichen Spielregeln hält. Durch ihre Unwissenheit und die dadurch entstehende Verwirrung stellt sie diese Spielregeln in Frage und schafft sich den notwendigen Freiraum, eigene Strategien und Taktiken zu entwickeln die den weiblichen Möglichkeiten der aggressiven Selbstbestimmung und Grenzsetzung eher entsprechen. Übersetzen wir Obies Erkenntnisse und Tricks aus dem 12. Jahrhundert in unsere Zeit, würden sie ungefähr so lauten:

Während der ganzen kriegerischen Auseinandersetzung hält sich Obie mit ihrer Schwester Obilôt oben auf der Burgmauer auf, für jeden sichtbar und hörbar. – Die Moral davon:

Verhalte dich als Frau *nicht* defensiv, zeige offen, was du willst, auch wenn alle, du selbst mit eingeschlossen, eine dezentere, »weiblichere« Haltung von dir erwarten. Mache dich sichtbar, ergreife die Initiative, und suche die direkte Konfrontation. Männer ziehen es wenn immer möglich vor, eine Face-to-face-Konfrontation mit einer Frau zu vermeiden; deswegen tut die Frau gut daran, wenn es kritisch wird, auf eine direkte Auseinandersetzung zu bestehen. Dort wo Meinungsverschiedenheiten zwischen Mann und Frau nach förmlichen Regeln mit Briefen, Memos, intellektuellen Diskussionen usw. ablaufen, gelingt es dem Mann leichter, die Forderungen der Frau zu überhören oder sie auf seine Weise zu interpretieren. Bei der direkten Konfrontation hingegen gerät der Mann ins *emotional-kommunikative Kraftfeld der Frau*, und seine gewohnte Argumentation, mit der er die Frau abzuwimmeln gewohnt ist, wird gestört. Die meisten Männer wollen eine Frau, die etwas fordert, vor allem wenn es um Macht oder Geld geht, möglichst schnell wieder loswerden. Eine Frau drückte es so aus: »Die beste Chance, bei einem Mann etwas zu erreichen, besteht darin, sich niederzulassen, die Handtasche (sie sollte nicht zu klein sein) auf den Boden zu stellen und den Eindruck zu erwecken, als wolltest du für die nächsten Stunden in seinem Büro bleiben. Er wird dir geben, was du verlangst, nur um sich von deiner Gegenwart zu befreien.«

Obie hat sich für ihren Freier attraktiv gemacht und steht mit unverstellter Hinterlist dazu, daß ihre Attraktivität eine der Waffen ist, mit der sie das Spiel dirigiert. – Die Moral davon:

Männer haben irrationale Angst davor, daß Frauen sexuelle Signale einsetzen, um Macht zu bekommen; das leiseste Zeichen kann sie in Panik versetzen. Eine Frau muß im Spiel um die Macht manchmal nichts weiter tun, als eine Frau zu sein. Das ist nicht ganz fair. Aber das Gleichgewicht der Macht zwischen Frau und Mann ist so unbalanciert, daß es in Ordnung ist, wenn Frauen alle Waffen einsetzen.

Obies mächtigste Waffe ist das Spiel mit Worten, mit dem sie ihrem königlichen Freier schmeichelt, ihn ärgert, mit ihm streitet, ihn lächerlich macht, ihn verwirrt und schließlich versöhnt. – Die Moral davon:

Frauen sind in der Regel die Unterlegenen, wenn es um physische, konkrete Macht geht, doch sie haben eine lange Tradition, ihren Weg mit einer *inspirierten sprachlichen Taktik* zu erkämpfen, die männliche Sprachstrukturen und deren Symbole unterläuft. Frauen wird zwar suggeriert, sie sollen männliche Sprachformen übernehmen, wenn sie gehört werden wollen. Weibliche Sprachformen würden nur von Xanthippen, Klatschbasen und intellektuellen Chaotinnen benützt, die eh nicht ordentlich denken könnten. Da Frauen jahrhundertelang vom öffentlichen Gespräch ausgeschlossen waren, fürchten sie sich davor, ihrem eigenen Sprachvermögen zu trauen. Wenn sie die Sprache der männlichen Macht einüben, objektiv, wissenschaftlich, logisch, können sie zwar brillieren, wenn es um Sachthemen geht, aber es bringt ihnen auf Dauer nicht sehr viel. Sie scheitern regelmäßig, wenn es gilt, andere mit Hilfe von originalen Gedanken und Wahrnehmungen zu überzeugen und zu begeistern. Frauen mit eigener Autorität haben gelernt, ihrem Instinkt zu vertrauen, der ihnen sagt, mit welchen Worten, in welchem Tonfall und in welchem Augenblick sie eine Situation zu ihren Gunsten kippen können. Männer fürchten zwar solche Frauen, die die weibliche Kunst des Wortesetzens beherrschen, über alles; man lese nur die Bibel – aber sie lassen sich von ihnen verführen!

Was den königlichen Freier so aus der Fassung bringt, ist, daß Obie sein Imponiergehabe durchschaut und ihm offen zu verstehen gibt, daß sie ihn erotisch und sexuell als unerfahren und unreif betrachte. – Die Moral davon:

Es beunruhigt jeden Mann, daß Frauen möglicherweise einen klaren Blick für die »boy-games« haben und nicht genügend beeindruckt sein könnten. Männer können sich ziemlich sicher auf den Respekt ihrer männlichen Kollegen verlassen, die den gleichen Instinkt für die überlegene Bedeutung von männlichen Hierarchieformen und deren Spielregeln haben. Frauen hingegen haben ein Gefühl für die psychischen und sexuellen Qualitäten oder Unqualitäten eines Mannes, egal was für eine Position er auf der hierarchischen Leiter einnimmt. Der weibliche Blick trifft den Mann an seiner verletzlichsten Stelle. Oder wie es ein Mann ausdrückte: »Eine Frau ist immer eine Spielverderberin, sie gehört nicht wirklich dazu.« Frauen sind nun einmal kein Teil der Männerspiele, also dürfen sie sich die Freiheit nehmen, Spielverderber zu sein und die Regeln, die Männer aufstellen, zu unterlaufen, da sie ja nie in diese initiiert wurden.

Obie führt selbst Regie in diesem Krieg, auch auf die Gefahr hin, daß die ritterlichen Männer sie für »zickig« und unweiblich halten. – Die Moral davon:

In den »boy-games« werden Frauen als Trophäen oder als Alibifrauen gehandelt. Dies ist mit ein Grund, warum Männer auch in Situationen, die nicht dafür geeignet erscheinen, sexuelle Spielchen mit Frauen anzetteln. Gehen diese darauf ein, werden sie automatisch zur männlichen Trophäe und damit zu einem Teil der »boy-games«. Es gibt eine Menge feiner und feinster Techniken, um eine Frau in den Augen der anderen Männer zu entmachten. Eine Frau sollte besser auf der Hut sein, wenn ein Kollege ihre Kleidung, ihr Aussehen lobt, ihr die Tür öffnet oder gar aufsteht, wenn sie den Raum betritt. Viele dieser freundlichen Gesten sind nichts weiter als männliche Schachzüge, um sich selbst und die andern männlichen Kollegen der Gruppe zu versichern, daß die Frau zu einer anderen Kategorie des Spiels gehöre und deswegen kein vollmündiges Mitglied ihrer Zentralgruppe sei, die wirklich die Entscheidungen trifft. Solche versteckte Formen der Entmachtung der Frau sind auch nach Jahrzehnten der Emanzipation durchaus an der Tagesordnung.

Obie wehrt sich ohne Rücksicht auf männliche Traditionen für ihre Interessen. Wo erwartet wird, daß sie gute Miene zum Spiel mache,

stellt sie sich als Frau – mit einem anderen Interessenschwerpunkt
– gleichwertig neben die Männer. – Die Moral davon:

Wäre Obie ein Mann, oder hätte sie nur das Bedürfnis, wie ein
Mann zu handeln, wäre es gar nie zu diesem Krieg gekommen. Ein
Mann hätte sowohl die Autorität des Königs wie auch die des
Vaters akzeptiert. Ein Mann hätte seine eigene inferiore Position
in diesem Powergame der mächtigeren Männer akzeptiert, vielleicht, vorerst noch etwas argumentiert, aber mit Respekt vor dem
höheren hierarchischen Rang der anderen keine ernstliche Herausforderung riskiert. Er hätte seine Hände auf die Knie gelegt, die
Füße auf den Boden gestellt: die übliche männliche Haltung der
Unterwerfung. Obie tut nichts dergleichen – sie setzt sich ihrem
Vater gegenüber, legt einen Arm auf seine Stuhllehne, lehnt sich
vorwärts, schaut ihrem Vater in die Augen und erklärt ihm auf eine
für ihn etwas verwirrend blumige Art und Weise, daß dieser Krieg
geführt werden müsse und daß keiner von ihr verlangen könne,
sich ein solches Benehmen von irgendeinem Mann, König oder
nicht, gefallen zu lassen. Verwirrt durch die Nähe der jungen Frau,
entwickelt der Vater verschiedene Ansätze, mit denen er seiner
Tochter erklärt, daß es weiser sei, den König nicht zu verärgern
oder gar zu bekämpfen. Obie hört ihres Vaters Argumentation mit
großer Aufmerksamkeit zu, um – wie er fertig geredet hat – mit
einem verschwörerischen Lächeln und einer klaren, bestimmten
Stimme zu antworten. »Ich verstehe, daß du das alles zu sagen hat-
test; aber nun ernstlich, warum zum Teufel zeigen wir diesem
Scheißkerl nicht, daß er das mit uns nicht machen kann?« Obie
dominiert die Diskussion, indem sie sich der männlichen Logik der
Gesprächsführung entzieht und das Gespräch nach ihren Regeln
der Spontaneität und der kommunikativen Nähe entwickelt. Um
ihr eigenes Spiel zu spielen, muß sich die Frau von der Einstellung
befreien, daß es ein Nachteil sei, eine Frau zu sein, oder daß sie zu
beweisen habe, daß sie genau so zu abstrakten Konstrukten, zu
Sachzwangargumentationen und zu intellektuellen Saltos fähig sei

wie ein Mann. Damit fällt sie auf die aufgestellten Fallen der »boy-games« herein und wird zur Verliererin.

In der Geschichte von Obie und Obilôt geht es um eine erotische Geschichte zwischen einer Frau und einem Mann; es geht darum, wie zwei Schwestern den Kampf um persönliche Macht auf ihre Weise spielen und sich auch nicht vom Mann, den sie lieben, die Regeln der gegenseitigen Beziehung aufdrängen lassen. Doch die *Freibeuterin*-Qualität ist nicht nur in einer solchen, sondern in jeder Beziehung zwischen einer Frau und einem Mann gefragt, sei es mit dem Vater, sei es mit dem Geliebten, mit den Brüdern oder einfach mit den Kollegen von der gleichen Abteilung. Die persönliche Macht von Frauen ist eine Substanz, die von allen möglichen Seiten in Frage gestellt wird. Das macht es so aufregend, mit wachem Instinkt für die eigenen Stärken die Regeln der »boy-games« zu unterlaufen und seine eigene »One-woman-Show« abzuziehen.

Ada McGrath II
– Der väterliche Zauberspruch

In Adas frühem Leben gibt es keine solidarischen Schwestern, die vormachen, wie weibliche Spielregeln funktionieren können, um persönliche Macht zu erringen und Kontrolle über das eigene Leben zu gewinnen; es gibt keinen unentschlossenen Vater, der die Träume des kleinen Mädchens respektiert. Keine Frau lehrt Ada, männlicher Aggression und Ignoranz mit Gelächter, Witz und Ungehorsam Grenzen zu setzen; keine Schwester macht ihr Mut, hinter männlichem Machtanspruch die simplen Mechanismen der »boy-games« zu erkennen. Ada ist ein fügsames Mädchen, dem der Vater Idealbild ist. Ohne die Waffen der weiblichen Aggression, ohne den Schutz einer verschworenen Gemeinschaft von Schwestern und Freundinnen nimmt Ada des Vaters Zorn zu ernst, nimmt ihn beim Wort und übersieht die Unbeholfenheit des Auftritts, die väterliche Hilflosigkeit, vor versammelter Familie herausgefordert zu sein, auf seine Autorität bestehen zu müssen. So vermag das Mädchen dem Zauberspruch, es solle den Mund halten und seinem Vater nicht widersprechen, nichts entgegenzusetzen, kann die väterliche Wut nicht relativieren oder sie gar zu eigenen Gunsten kanalisieren. Die Türe zur Welt wird zugeschlagen, und Ada macht sich auf, ihr Leben in einer schweigenden Unterwelt zu verbringen.

Jeder Rückzug, so sinnvoll und richtig er ist, kann nur eine provisorische Lösung sein, Atempause, die nicht ewig dauern darf. Vorerst erringt sich Ada durch den Auszug aus der väterlichen Welt einen geschützten Übergangsraum, der ihr die Freiheit einer eigenen originalen Entwicklung gibt. Doch fehlt dem heranwachsenden Mädchen die Unterstützung, sich mit dem, was es fühlt und denkt, in die Realität hineinzuentwickeln und in ihr seinen Platz zu erobern. Der Vater kümmert sich wohl recht und schlecht um seine einzige Tochter, doch ist er nicht bereit, ihrem Wert in seinem Leben einen Platz einzuräumen, und Ada verweigert weiterhin jegliche Kooperation. Am Schluß, der unerfreulichen Situation leidig, vermarktet der Vater die Tochter an einen Mann am andern Ende der Welt und ist sie endlich los.

Bis zum Zeitpunkt dieser Reise bleibt Ada die Verwöhnte und Gefangene des mütterlichen Zauberklanges »Cecilia«. Adas musikalische Begabung ist außergewöhnlich, ihr Ohr für Harmonien und Variationen absolut. Aber nichts von all dem geht in die Welt hinaus. Es verhallt hinter den Mauern des verwunschenen Hauses, in dem Welt und Zeit nicht zu existieren scheinen.

»Ada war sechzehn, als Delwar Haussler zu ihnen kam, gerade noch, fast schon siebzehn.«[30] Durch Delwar, den jungen Musiklehrer, lernte Ada die männliche Welt erstmals aus einer anderen Perspektive kennen; zum erstenmal fühlte sie ihren Wert anerkannt, zum erstenmal trat ein Mann in ihre Welt, der fähig war, sich mit ihr auszutauschen. Kein Wunder, verliebte sie sich kopfüber in ihn. Doch der junge Mann begann sich zu fürchten; die leidenschaftliche Nähe des stummen sechzehnjährigen Mädchens erweckte Ängste in ihm, denen er sich nicht gewachsen fühlte; jedenfalls blieb Adas früher Geliebter eines Tages verschwunden. So hatte Ada zwar für eine kurze Zeit einen Einblick in die Großartigkeit ihres Frauseins bekommen, aber auch verstanden, daß dieses Frausein ernstlich behindert war – für Männer erschreckend Delwars Erscheinen in Adas Leben war ein möglicher Anfang von etwas; doch es blieb ein Versuch, dem die Kraft fehlte, die Türe des verwunschenen Zauberschlosses zu öffnen.

Später werden wir erfahren, daß die verzauberten Frauen von Schastelmarveille Nacht für Nacht stumm am Fenster stehen und auf etwas warten, von dem sie nicht wissen, was es ist. Wie Ada hören auch sie den Klang einer fernen Musik, sehen die Farben einer verdunkelten Vision, riechen den Duft von Eukalyptus und Thymian und spüren eine Ahnung; etwas in ihnen drängt nach

Ausdruck, der dieser sinnlichen Erfahrung, diesem strömenden Gefühl gerecht werden könnte. Doch Schastelmarveille hält wie ein riesiger Uterus die neuen Lebensmöglichkeiten, die geistigen Kinder der Frauen, die geboren werden wollen, in seinen Mauern fest. In Schastelmarveille ist das Schöpferische der Frau wie in einem tiefen weißen Winterwald erstarrt.

Die weibliche Kreativität hat ganz verschiedene Aspekte. Manche Frauen sind als Hausfrauen kreativ. Sie schaffen eine liebevolle, zwanglose Umgebung für ihren Mann und ihre Kinder – einen Ort, an den man gerne zurückkehrt, nachdem man sich ins Leben hinausgewagt hat. Andere Frauen sind auf extravertierte Weise in ihrem Beruf kreativ. Es gibt auch Frauen, die beides erfolgreich bewältigen. Im Mythos über die vierhundertvier verwunschenen Frauen, wie auch in der Geschichte von Ada, ist Kreativität mehr als konstruktive soziale Integrationsleistung und ästhetisches Formgefühl. Dieser Mythos steht für etwas, das Frauen jahrhundertelang abgesprochen wurde, nämlich für den Geist, das Bestehende in Frage zu stellen und aus dem Chaos Neues zu gestalten.

Adas Weg handelt von den Schwierigkeiten jedes schöpferischen Prozesses, nämlich den Intuitionen, die sich ja nicht ohne weiteres in die bestehenden Vorstellungen, seien es die eigenen oder die der anderen, einfügen wollen, Ausdruck zu verschaffen, ihnen eine gültige Form zu geben, um die Welt noch einmal zu erschaffen – zumindest ein kleines Stück von ihr. Dieses Problem kennen auch Männer, doch hier handelt es sich um eine weibliche *kollektive* Verzweiflung, deren Wert selten wahrgenommen und respektiert wird und deren kreatives Potential deswegen zu großen Teilen immer noch ungenutzt bleibt. Im Bild der schweigenden Frauen von Schastelmarveille drückt sich eine *kollektive* Frauenerfahrung aus. Hinter jeder Frau, die um kreativen Ausdruck ringt, stehen die schweigenden Frauen vieler Generationen, steht der Archetyp der Großen Göttin selbst und wirft seinen Schatten auf die individuelle Frau.

Das Schweigen der Frauen von Schastelmarveille hat unter anderem damit zu tun, daß das, was sie ahnen, fühlen und instinktiv erkennen, nicht mit den kollektiven Regeln des Wissens und den tradierten sprachlichen Formulierungen, wie sie vor allem von Männern geprägt worden sind, übereinstimmt. Es entspricht jenen psychischen Situationen, in denen man etwas Wesentliches ahnt, es aber nicht angemessen formulieren kann, weil sich die richtigen Worte nicht einstellen. Man kann sich nicht verständlich machen und erstickt fast daran. Es bedeutet, wesentliche Erlebnisse und intuitive Erkenntnisse zu haben und sie wieder zu verlieren. Unser kollektives Denken hat keinen Sinn für das Außergewöhnliche, weil es nicht dem entspricht, was es schon immer gedacht hat. Das macht den Annäherungsversuch der Frau zu ihrer schöpferischen Seite so mühsam. Der Prozeß findet schweigend statt, kostet Zeit und Kraft, die für die Außenwelt nicht mehr zur Verfügung steht.

Sowohl Schastelmarveille wie auch »Cecilias« Piano haben die Funktion eines Kokons, in dem sich eine mögliche Wiedergeburt vorbereitet. Der Kokon ist ein Ort, der von außen nicht einsehbar ist; in seinem Schutz verdichten sich die Gefühle und Inspirationen, das innere Aufgewühltsein und ein noch wortfernes Nachdenken. Außen geschieht nichts, zumindest nichts Bedeutungsvolles; das Leben scheint eher öde und fremd. Aber auch das eigene Innere entzieht sich und verweigert die Einsicht in seine Prozesse. Ober diesem Abgrund baumelt das Ich, ohnmächtig, aus eigener Kraft eine Veränderung herbeizuführen, und fragt sich, wie lange das noch so weitergehen soll. Die Fäden scheinen sich von ganz alleine zu spinnen; etwas anderes in uns denkt, während das Bewußtsein sich passiv oder einfach beobachtend verhält. *Diese Phantasietätigkeit ist die Voraussetzung jeder schöpferischen Leistung.*

Sowohl das Spiel der schweigenden Ada wie auch die schweigenden Frauen von Schastelmarveille entsprechen diesem sowohl außergewöhnlichen wie auch bedrohlichen Zustand; noch ist nicht klar, wie der Kokon durchbrochen werden kann und was am Ende der Verpuppung herauskommen wird. Jede Geburt ist ein Risiko.

Ada McGrath III
– Die Ankunft am Ende der Welt

Die Geburt der Venus

Hochgehender Wellengang und Wind, der an den Kleidern und Hüten reißt: So erscheint Ada vor dem Hintergrund der wogenden See auf den Schultern von robusten Schiffsleuten. Schwankend und wankend, angstvoll und mit verzerrtem Gesicht, wird sie an Land getragen, ihrem Schicksal entgegen. Das Bild erinnert an die Geburt der Venus aus dem Meeresschaum. Nur erstrahlt Venus in aufreizender weiblicher Nacktheit, ihre Haut glüht im goldenen Licht. Ada hingegen ist von Kopf bis Fuß schwarz gewandet. Es wäre nicht weiter erstaunlich, wenn unter dieser Verkleidung ein geschlechtsloser Puppenkörper auftauchte.[31] Eine Frauenhaube umrahmt das weiße Gesicht und bestimmt, was Ada von dieser Welt wahrnehmen soll und was nicht. Rundum-Scheuklappen anstelle eines verrückten Hutes?

Nachdem die Schiffsleute wieder gegangen sind, kampiert Ada mit ihrer Tochter Flora im Schutz eines ihrer viktorianischen Reifröcke am nächtlichen Strand, wartend, vom Ehemann, den der Vater ihr vermittelt hatte, abgeholt zu werden. »Ich werde ihn nicht Papa nennen«, flüstert die kleine Tochter verschwörerisch. »Ich werde ihn überhaupt nicht irgendwie nennen. Ich werde ihn noch nicht einmal ansehen.«[32] Der Reifrock wölbt sich über Mutter und Tochter und ihren verzauberten Geschichten, als wäre er eine Taucherglocke und zusammen mit seinen beiden Insassen eine Ewigkeit lang in der Tiefe des Meeres versunken. Schastelmarveille! Welcher Mann könnte je so tief tauchen, um Ada und ihre versunkene Welt in der unendlichen Tiefe des Meeres zu erreichen?

Wie der Morgen dämmert, erscheint der Ehemann schließlich, Alisdair Stewart, zusammen mit einer Gruppe Eingeborener, Maoris, um die Frau samt Tochter und Aussteuer abzuholen und in sein Haus zu bringen. Er kennt Ada einzig von einem Foto. Eine schweigende Frau schien ihm ideal; er würde einen Zuhörer haben, mit dem er über seine Pläne und Gedanken sprechen konnte, und eine schweigende Frau würde ihm dabei nicht rechthaberisch dazwischenreden. Jetzt, wie er sich dem Strand nähert, wird er unsicher.

»Du bist klein«, sagt Stewart, mehr zu sich als zu ihr, wie er Ada sieht, »ich habe nicht gedacht, daß du so klein bist!« Ada entspricht nicht dem Bild, das er sich von seiner Frau gemacht hatte, und er schämt sich nicht, es zu zeigen. Das Schicksal hatte Ada eine kleine Statur und ein zwar durchaus angenehmes, aber eher unauffälliges Äußeres gegeben. Ada war keine aufregende Schönheit, doch das wäre für Stewart noch kein Grund, enttäuscht und irritiert zu sein. Wer erwartet schon von einer stummen Frau, daß sie ein verführerischer Vamp ist? Stewarts Irritation über Adas Erscheinung ist tiefer, ist aufsteigender Ärger über Adas Haltung, die es nicht darauf anlegt, ihm gefallen zu wollen. Zu lange war Ada sich selbst überlassen gewesen, um sich Gedanken über ihre Wirkung auf andere zu machen. Weibliche Gleichgültigkeit aber gegenüber der eigenen äußeren Wirkung wird von einem Mann wie Stewart als Aggression erlebt, als Ausdruck eines fundamentalen Ungehorsams gegenüber der kollektiven Erwartung, die weibliche Schönheit – zumindest der mehr oder weniger gelungene Versuch, Schönheit vorzuzeigen als eigentliches Wesen der Frauen zu zelebrieren.

Ada hatte es unterlassen, sich Gedanken darüber zu machen, ob sie »ihm« gefallen würde, was sie »ihm« zeigen würde und was nicht, um in seinen Augen möglichst angenehm zu wirken. Durch einen solchen Akt der Verweigerung, den offen vorgezeigten Mangel an weiblicher Koketterie, diesen entzückenden und demütigenden Ableger weiblicher Einfühlsamkeit, fühlte sich Stewart gekränkt wie ein Kind, das sich nicht ernst genommen glaubt.

Der tätowierte Mann

Die Gruppe der eingeborenen Maoris wird von einem weiteren Europäer angeführt, George Baines. Er ist muskulöser als Stewart, und auf seiner Stirn und Nase sind Maori-Tätowierungen zu erkennen. Baines ist ein Einzelgänger und lebt auf seine Weise zwischen den Welten der Maoris und der weißen Kolonisten. Als einziger Weißer spricht er die Sprache der Eingeborenen und wird als Vermittler zwischen den Kulturen gebraucht.

»Was meinen Sie?« wendet sich Alisdair Stewart auf der Suche nach einem männlichen Verbündeten an ihn, »sie sieht verkümmert aus.« Baines schaut nach der Frau. Er antwortet nicht gleich, läßt Ada auf sich wirken. »Mir scheint, sie ist müde«, sagt er abschließend.[33]

Eine unscheinbare Szene – und das zukünftige Thema hat sich konstelliert: das Verhältnis zweier Männer zu ein und derselben Frau. Der eine sieht sie von außen, mißt ab, wieweit sie seinen Erwartungen und seinem männlichen Wohlgefallen entspricht, und urteilt: »Verkümmert.« Der andere erfährt sie von innen und spürt: »Sie ist müde.« Der tätowierte Mann fühlt die Frau eher, als daß er sie sieht; er registriert ihre Stimmung, ihre Emotionen, ihre seelisch-körperliche Verfassung. Er spürt eine Frau, eben erst vom Meer geboren, auf einen fremden Strand geworfen, erschöpft, verzweifelt. George Baines mit seinem Gespür für die innere Gestimmtheit von Ada beweist sich damit als menschlicher Abkömmling des »Geliebten der Göttin«, als ein Männliches, das der Frau jenseits ästhetischer Normen und Erwartungen als einer eigenen Ganzheit begegnet.

Anders Alisdair Stewart. Er sucht in Ada einen Spiegel, der ihm seine eigene Bedeutsamkeit versichert. Für eine solche Potenzierung seines Wertes ist er bereit, Wälder zu roden und Häuser zu bauen. Doch wer in einen Spiegel sieht, begegnet keinem Gegenüber, und wer zu lange die Rolle des glänzenden Spiegels akzeptiert, vergißt sich am Ende selbst. Der Spiegel der Koketterie spaltet das weibliche Selbst: Das ideale weibliche Ich erweist sich als gelungene Anpassung an die Erwartungen und Wünsche seiner Betrachter, während die weibliche Kernpersönlichkeit, die nicht auf äußere Wirkung aus ist, sondern auf die Entwicklung der eigenen Intentionen, als schwierig und unangepaßt erfahren wird, was die Bemühungen des weiblichen Idealbildes, nämlich zu gefallen, sabotiert.

Der Schlag

Alisdair Stewart gibt den Maoris Anweisungen, die Gepäckstücke zu sammeln und wegzutragen. Das Piano soll zurückbleiben; sein Transport wäre im steilen und sumpfigen Gelände eh zu aufwendig; außerdem ist es hier draußen in der Wildnis von keinem großen Nutzen; dies ist zumindest Stewarts Standpunkt. Ada gerät in Panik. Das Piano muß mit, läßt sie vehement über ihre Tochter ausrichten, wenn nicht jetzt, dann später. Stewart lenkt ab, wird gereizt, während Ada sich weiter versteift.

Stewart hatte bei einer stummen Frau eine gewisse Unsicherheit vorausgesetzt, zumindest die Bereitschaft, sich die Gegebenheiten, so wie er sie geschaffen hatte, einzufügen. Nicht nur hält die Kümmerliche mit ihrer Verweigerung weiblicher Koketterie sich nicht an die Spielregeln, sie besteht außerdem angesichts der versammelten Männer rücksichtslos auf ihrem eigenen Willen. Da wird aus Stewarts anfänglicher Kränkung Wut und Empörung; er fühlt sich betrogen: Das war nicht die Abmachung, die er stillschweigend voraussetzen durfte. Er übergeht Adas Gesten und Zeichen, als ob sie nicht existierten, um so in den Augen der anwesenden Männer seine angegriffene Autorität wiederherzustellen.

Die Augen voller Tränen, setzt sich Ada schließlich in Bewegung. Sie sollte das Kostbarste, das sie besaß, verlieren. Das Piano war der Ort, an dem ihre innersten Gedanken und Gefühle eine Stimme erhielten; es war der Ort, an dem sie gehört wurde. Zum erstenmal fühlt sie sich tatsächlich verstummt. Mit jedem Schritt sinkt Ada tiefer in dem sumpfigen Dschungel ein. Stiefeletten und Rocksaum tauchen unter im schlammigen Grund des Waldes, die Feuchtigkeit kriecht an ihr hoch und zieht sie und ihren Schmerz in einsame Tiefen. Ada ist am Ende der Welt angekommen!

Für Stewart dagegen ist das Thema Piano ein für allemal erledigt. Für Adas Verzweiflung kann er kein Mitgefühl aufbringen und will es auch nicht. Mit erneuertem Selbstbewußtsein, nachdem er sich gegen die Anmaßung der Frau durchgesetzt hat, bringt er Ada in sein Haus, das er in harter Arbeit erbaut hatte. Selbst den wuchernden Dschungel ringsum hatte er mit einer Brandrodung zur Raison gebracht; alles, was von ihm übriggeblieben war, waren verkohlte Baumstümpfe, wie verstümmelte Finger, die nach dem Himmel griffen.

Der Kreis von Adas Schicksal hat sich geschlossen, das Motiv der »Urszene« – das Nicht-gehört-Werden – sich in der Begegnung mit dem Ehemann mit gesteigerter Wucht repetiert: Stewarts anfänglicher Ärger und seine wachsende Wut über Adas Störrigkeit wiederholen den Ärger und die Wut, die Ada als kleines Mädchen durch den Vater erlebt hatte. Eine solche Repetition mag katastrophal scheinen. Sie ist aber auch Chance, sich selbst noch einmal neu zu erfahren. Manchmal drängt etwas in uns geradezu nach einer Wiederholung des alten Traumas, damit uns bewußt wird, daß wir nicht mehr dieselben sind und in der Zwischenzeit Kräfte und Einsichten erworben haben, die es uns erlauben, eine veränderte Haltung zu riskieren, die uns früher unmöglich war. Ohne erneute Konfrontation mit der ursprünglichen Wunde kann es keinen neuen Anfang geben, können die schöpferischen Quellen nicht nach außen fließen. Die Wiederholung der »Urszene« ist ein gezielter Schlag, der die Blase von Adas selbstgenügsamem Vergessen aufsticht. Für das sechsjährige Mädchen waren Verstummen und Verweigerung die einzig mögliche Lösung gewesen. Jetzt ist dies nicht mehr genug.

Orgeluse III
– Die Amazone

Die zweite Stufe der Initiation

Gâwân war noch vor Obies Hochzeit mit ihrem königlichen Freier losgeritten, war wieder unterwegs nach Schanpfanzûn, dem vorgeschlagenen Ort der Auseinandersetzung zwischen ihm und Kingrimursel, dem Ritter um des Königs Ehre. Hohe Gebirge und viele Moore hatte er überwunden, als am Horizont die Türme von Schanpfanzûn auftauchten. Aber so nah es schien, so mußte Gâwân noch einen weiten Umweg reiten, denn das Gelände rings um die Stadt war versumpft. Da gewahrte er in der Nähe eine Jagdgesellschaft, allen voran ein fürstlicher Herr, der sein Pferd durch den Morast hetzte und dabei fast ersoffen wäre, wären da nicht Gâwân und Gringuljete zur Stelle gewesen und hätten ihn aus dem Sumpf herausgezogen. Die Situation war dem geretteten Herr peinlich; er konnte es auf den Tod nicht leiden, wenn ein anderer, dazu noch ein Fremder, ihn in einer Situation der Hilflosigkeit überraschte und dabei mehr Witz bewies als er selbst. Er bot dem fremden Ritter, der sich ungefragt als sein Retter aufgedrängt hatte – weniger aus Dankbarkeit denn aus wiedergewonnener Arroganz –, Gastfreundschaft in seiner Burg zu Schanpfanzûn an.

Mit dem unguten Gefühl, daß sich in diesem Schanpfanzûn alles versammle, was sich durch männlichen Eigendünkel auszeichne, reitet Gâwân in die Stadt hinein. Da tritt ihm aus einer Turmpforte Antikonie, die junge Schwester des hochmütigen Mannes, den er gerettet hatte, entgegen und läßt Gâwân seinen Trübsinn auf einen Schlag vergessen. Antikonie ist kein babyspeckiges Mädchen mehr wie die kleine Obilôt und auch keine der eleganten, selbstbewußten Damen von König Arthurs

Hof. Vielmehr gehört sie zu den Wesen jenes zauberhaften Zwischenreiches, wo Mädchen das Geheimnis des Frauseins auszuloten beginnen. Sie habe die Botschaft ihres Bruders, Gâwân als Gast zu empfangen, bereits durch einen Boten erhalten, ist ihre Begrüßung.

Antikonie ist noch ungeschickt in den Taktiken damenhafter Koketterie und lächelt gezwungen. Mit einer eckigen, viel zu großen Gebärde streckt sie dem Gast ihre Hand entgegen. Ihre Stimme zittert ein wenig. Während Gâwân noch versucht, sich in der ungewohnten Situation zurechtzufinden, umarmt das junge Mädchen den Fremden mit einer heftigen, unerwarteten Bewegung und küßt ihn leidenschaftlich. Ihr Arm hält sich so krampfhaft an Gâwâns Hals fest, daß es dem Überraschten erst nach einer Weile gelingt, das steifgewordene Handgelenk zu lösen und das Gesicht des Mädchens so zu drehen, daß er es genauer betrachten kann. Durch sein aufmerksames Interesse und die sanfte Zartheit, ganz ohne Spott, schöpft das Mädchen neues Vertrauen. »Kommt«, sagt sie und zieht Gâwân die Treppe hinauf in ihre Räumlichkeiten. Dort entwickelt sich eine schwebende Vertraulichkeit, ein Hin und Her, ein Näherrücken, eine Berührung da und eine Bewegung dort. Da entsteht soviel Spiel und Süße, und es fehlt nicht viel, und »sie hätten fast ein Ding gedreht«[34].

Doch da schnappt die Falle zu. Schreie sind hinter der Türe zu vernehmen: »Der Fremde ist der Königsmörder. Jetzt schändet er auch noch die Tochter.« Die Jagdgesellschaft des Fürsten, inzwischen aus dem Sumpf zurück, stürzt mit Helm und Schwert ins Zimmer. Gâwân, der sein Schwert, bevor er die Frauenräume betrat, abgelegt hatte, ist unvorbereitet. »Herrin«, sagt er zu Antikonie, »ich bin schlecht bewaffnet, habt Ihr Rat?« Tränen der Wut über den brüderlichen Übergriff in den Augen, packt das junge Mädchen seinen Ritter entschlossen am Handgelenk, und die beiden laufen mit großen Sprüngen auf den Turm hinauf, die Verfolger mit Gezeter und Geschrei an ihren Fersen. Doch auch oben auf dem Turm findet sich kein Kriegsgerät. Nichts ist da als ein Schachbrett samt bleiernen Figuren, das hier vergessen ging. Das schwere Brett drück Antikonie Gâwân in die Hände; der schlägt damit auf die nachdrängenden Angreifer los. Sie selbst nützt die bleiernen Schachfiguren für die Verteidigung und trifft nicht schlecht. »Es wird von ihr berichtet: Wen sie traf mit ihrem Wurf, der mußte in die Knie gehen.«[35] Mit der kampfessicheren Amazone an seiner Seite, die ohne Zaudern zielt und trifft, schöpft Gâwân Mut, und nicht wenige der Verfolger torkeln mit blutenden Nasen die Treppe hinunter.

Der Zweikampf findet nicht statt

Gerade noch rechtzeitig, denn lange hätte ihr improvisiertes Kriegsmaterial den Feind nicht mehr hingehalten, erscheint Kingrimursel, der königliche Rächer, der Gâwân nach Schanpfanzûn gefordert hatte, im Getümmel. Er hatte Gâwân freies Geleit nach Schanpfanzûn versprochen und wollte von sich nicht sagen lassen, daß er sein Wort nicht halte. Er verlangt einen sofortigen Waffenstillstand, und die erhitzten Eiferer müssen sich vor Kingrimursels größerer Autorität murrend zurückziehen.

Hatte in der ersten Begegnung an Arthurs Hof Kingrimursel sein Urteil bereits gesprochen, bevor er Gâwân überhaupt angehört hatte, so entwickelt sich nun bei der zweiten Begegnung ein öffentliches Streitgespräch zwischen Gâwân und Kingrimursel. Wie ist diese veränderte Lage zu verstehen?

Die Episode von Antikonie handelt von der *Amazonen-Initiation*, der zweiten Stufe des weiblichen Initiationsritus. Dieser Entwicklungsschwerpunkt handelt vom weiblichen Abgrenzungsprozeß gegenüber der Autorität der »Väterwelt«. Die *Amazone* ist die autonome, erwachsen gewordene Frau, die die töchterliche Position verlassen hat und sich den männlichen Autoritätsfiguren als die andere, Gleichberechtigte, gegenüberstellt.

Die Bedeutung der Auseinandersetzung des Sohnes mit der *Magier-Vater-Figur* wurde in der Psychoanalyse schon früh erkannt. Ein vergleichbares Verständnis über die Schwierigkeiten und Widerstände, die sich dem Mädchen entgegenstellen, das sich vom väterlichen Recht abzugrenzen versucht – nicht nur innerhalb der Familie, sondern auch innerhalb der Gesellschaft und ihrer Autoritäten –, ließ dagegen lange auf sich warten. Selbst die offensichtliche Gefährdung der weiblichen Entwicklung durch die vielfältigen Formen der sexuellen Inbesitznahme durch die »Väter« wurde vernachlässigt oder zumindest relativiert.

Doch sexuelle Übergriffigkeit ist nur der eine Aspekt des mächtigen Väterschattens, der die Entwicklung vom Mädchen zur Frau verdunkelt. Weniger faßbar, aber ebenso bedrohlich für das wachsende weibliche Selbstverständnis ist die Verdrängung der schöpferischen Imagination der Frau durch die patriarchal dominierte Gesellschaft[36]. Damit ein Mädchen zu einer selbstbestimmten, inspirierten und schöpferischen Persönlichkeit heranwachsen kann, die Initiative ergreift, selbstverantwortlich handelt, Risiken eingeht und ihr Leben selbst bestimmt, braucht es unbesetzte imaginative Spielräume, in denen die Positionen des Heroischen nicht durch männliche Taten usurpiert sind. Der Knabe wird von der Gesellschaft darin unterstützt, sich nicht zu sehr von den mütterlichen Fantasien über »den süßen Buben« einfangen zu lassen. Wie ist das beim Mädchen? Auf welche Weise werden Mädchen unterstützt, sich von den omnipräsenten väterlichen Fantasien abzugrenzen?

Die schwierige Position der Frau als »Vätertochter« ist durch die Mythen der Bibel zementiert. Das macht es für die Väter, Ehemänner, Liebhaber und Psychologen so schwierig, Frauen und Mädchen ihren eigenen imaginären Raum zuzugestehen. Im zweiten Schöpfungsbericht wird Eva aus der Rippe Adams geschaffen, die Frau – in Umkehrung zur Biologie – wird zum Produkt des Mannes gemacht. Solche Bilder der vom Vater geborenen Frau, in der frühen Kindheit in die Vorstellungswelt implantiert, wirken jenseits der Grenzen, zu denen die Vernunft Zugang hat. Sie zeigen ihre individuelle und gesellschaftliche Wirkung ein Leben lang.

Doch nicht nur das Irrationale, auch die Vernunft drängt die Frau, die Chancen der »Vätergeburt« zu nutzen. Akzeptiert die Frau ihre Geburt aus der väterlichen Rippe und beweist durch ihre Haltung, daß sie sich mit den Werten und Sichtweisen der väterlichen Imaginationen identifiziert, darf sie damit rechnen, gefördert und unterstützt zu werden. Sie wird ermutigt, erlebt sich als wertvoll und geachtet und erhält durch die männliche Anerkennung Vorteile, die ihr von Frauen, bedingt durch deren gesellschaftlich schwächere Position, nicht gegeben werden können.

Um jedoch die Gunst der Väter zu erhalten, muß die Frau Eigenschaften, die sie als schöpferisch und damit als unberechenbar und unkontrollierbar ausweisen, verleugnen; diese Verdrängungshaltung wurde mit der Zeit chronisch und gilt nun als eigentliche Natur der Frau. Die Frau hat ihre Anerkennung durch die Väterwelt mit der Unterentwicklung eines Teiles ihrer Persönlichkeit bezahlt. Abgeschnitten von einer originalen Kreativität, bleibt sie Plagiatorin des männlichen Weltentwurfes und seiner Vorgaben und lebt im Schatten ihres *Magier-Vaters*. Was würden alle die männlichen Gurus, vom Ladenvorsteher über die politischen und wissenschaftlichen Kapazitäten bis hin zum spirituellen Führer von Weltrang, ohne die Heerscharen von Frauen machen, die, festgehalten in der Tochterrolle, ihre eigene verleugnete Autorität an sie abgegeben haben?

Es ist immer noch eine Provokation, wenn eine Frau vor Energie und kreativen Ideen sprüht, aus eigener Autorität Macht ausübt und auf ihrer eigenen Kompetenz besteht. Mit einer solchen Haltung verweigert sie sich dem männlichen Schöpfungsanspruch, wird zur treulosen Tochter, die die Abmachungen der *Magier-Vater-Tochter*-Beziehung verraten hat, hintergeht das »väterliche Vertrauen«.

Königsfurt Verlag

Der junge Verlag aus dem hohen Norden, ist unweit von Kiel am Nord-Ostsee-Kanal angesiedelt. Das Verlagsprogramm konzentriert sich auf die Schwerpunkte

• Populäres Sachbuch
• Tarot & Co.
• Schöne Geschenke.

Alle Artikel sind im Buchhandel erhältlich. Nähere Informationen finden Sie im Internet unter **www.koenigsfurt.com.** Das aktuelle Verlagsprogramm erhalten Sie auf Wunsch kostenlos zugesandt.

Bitte einsenden an:
Königsfurt Verlag
Königsfurt 6, Klein Königsförde
D-24796 Krummwisch
Info-Tel. 04334-18 99 02.

☐ Schicken Sie mir bitte regelmäßig und kostenlos ihr Verlagsprogramm:

....
Name

....
Straße

....
Land, Postleitzahl, Ort

☐ Und außerdem auch an meine Freundin/ meinen Freund:

....
Name

....
Straße

....
Land, Postleitzahl, Ort

Leserumfrage

5 Minuten, die sich doppelt lohnen: Durch Ihre Antwort kann der Königsfurt Verlag neue Bücher nach Ihren Wünschen gestalten. Und jede Einsendung erhält als Dank ein Präsent.

Welchem Buch entnahmen Sie diesen Zettel?

Wie gefällt Ihnen der Inhalt?

Wie gefallen Ihnen Buchumschlag und Buchgestaltung?

Über welches Thema würden Sie gerne mehr lesen?

Was wünschen Sie sich von künftigen Büchern?

Falls Sie das Internet nutzen, wie gefällt Ihnen unsere Website?

☞ Name und Adresse bitte wenden

Auf der Stufe der *Amazone* entwickelt die Frau eine von den Vätern unabhängige *moralische Integrität*, die in den eigenen Wahrnehmungs- und Bewußtseinsprozessen verankert ist. Die »zickig«-impulsive Selbstbestimmtheit der *Freibeuterin*-Phase reift in der *Amazonen*-Initiation zur moralischen Autorität, die sich notfalls gegen die väterliche Moral dezidiert zur Wehr setzen kann. Die *Amazone* ist sowohl der Rolle der gehorsamen wie der rebellierenden Tochter entwachsen und entwickelt mit Hilfe von Gâwân, der auf ihre weiblichen zentralen Kompetenzen ausgerichteten männlichen Seite, jene moralische Stärke, die das Kernstück jeder reifen Selbstbestimmung ausmacht.

Weibliche moralische Integrität zeichnet sich aus durch kreatürliches Mitgefühl und durch die Fähigkeit, sich auf die Bedingungen der wechselnden Situationen einzustellen; sie unterwirft sich nie ganz jenen idealen Werten, formellen Gesetzen und letztgültigen Parolen, denen sich männliche Moral so lustvoll verpflichtet. Bereits Eva bewies, daß ihre Unterwerfung unter das väterliche Gesetz zumindest ambivalent und unzuverlässig blieb.

Solange die Frau sich bewußt oder unbewußt am väterlichen Wertsystem orientiert, verharrt sie in der Rolle der Tochter und führt Positionskämpfe, die am Ende fruchtlos bleiben.

Der töchterliche Protest, dem die Qualität der weiblichen Autorität noch fehlt, löst beim männlichen Gegenüber einen Abwehrreflex aus. Anders die Frau, die mit ihrem *Amazone*-Aspekt in Kontakt ist; ihre moralische Autorität wird vom Mann, oft gegen seinen durchaus weiterhin vorhandenen unbewußten Ärger, akzeptiert. Dann kann es passieren, daß eine Frau, wenn auch nicht in der allgemeinen Einstellung, so doch in persönlichen Begegnungen, unerwartet männliche Wertschätzung erhält, wo sie aus langer Erfahrung mit Überhören, Wortabschneiden und abwertenden Schikanen rechnen mußte.

Durch die Amazonen-Initiation wächst in der Frau das Vertrauen, daß sie verstanden wird, wenn sie aus ihrem eigenen Zentrum heraus spricht und handelt. Befreit von der latenten Selbstbespitzelung, ertappt sie sich dabei, daß sie Dinge ausspricht, die sie noch nie zuvor gesagt hat, Fragen stellt, die sie noch nie gestellt hat. Eine Frau, die sich ihr Leben lang innerhalb einer männlichen Welt orientiert hat, versteht zwar ihr Denken systematisch zu ordnen. Wenn sie jedoch aus dem Herzen zu sprechen versucht, bekommt sie erst mal Angst, dumm und kindisch zu wirken. Sie hofft inständig, daß ihr Wortschatz sie nicht im Stich läßt und sie in der Lage sein wird, ihre Rede ohne Gesichtsverlust zu Ende zu führen. Es ist ein äußerst verwirrender Quantensprung in der weiblichen Entwicklung, die *Magier-Vater-Tochter-Achse* zu verlassen.

Kingrimursels ursprüngliches despotisches Benehmen entspringt der männlichen Panik, die Kontrolle über die Frau zu verlieren. Doch in dem Augenblick, da er mit dem konfrontiert wird, was er die ganze Zeit gefürchtet hat – der Frau, die ihrer eigenen Autorität gehorcht und sich dem männlichen Wort und der männlichen Moralität nicht unterstellt –, begreift er die Irrationalität seiner Panik, und ein neuer Ansatz einer sich ergänzenden Beziehung zwischen Frau und Mann wird sichtbar.

Die Gefahr ist gebannt und Gâwân frei, weiterzureiten, einem größeren Horizont entgegen. Bezogen auf die weibliche Psyche bedeutet es, daß durch die geleistete Auseinandersetzung mit der »Väterwelt« sich nun ein individuelles weibliches Bewußtsein entfalten kann, das zuvor nicht denkbar war.

Die Stadt am Sumpf

Es bleibt die Frage, wie es zu verstehen ist, daß sowohl Stewarts selbstgebautes Haus wie auch Schanpfanzûn, die Stadt Kingrimursels, auf einem Sumpf stehen? Über die psychologische Bedeutung des Sumpfes im Mythos wurde viel geschrieben. Doch jedesmal war es der männliche Held, der sich gegen den Sog des Sumpfes zu wehren hatte. In der männlichen Vorstellung entspricht der Sumpf dem »verschlingenden Weiblichen«, dessen Unfähigkeit, sich männergleich auf ein Ich-Ideal auszurichten, dessen Launenhaftigkeit, Emotionalität und Unberechenbarkeit, mit all den vertrackten weiblichen Zweideutigkeiten, die den Helden von seinem Heldenweg abzulenken drohen. Im Bild des Sumpfes verfangen sich die männlichen Ängste vor dem unkontrollierbaren Weiblichen, wie dies in den anfänglichen Anschuldigungen Kingrimursels, daß Gâwân den König hinterrücks getötet habe, zum Ausdruck kam.

Doch für welche Ängste steht das Bild des Sumpfes in der Erfahrung von Frauen? Mit Sicherheit dürfen wir keine bedrohlichen Fantasien über den weiblichen Charakter erwarten; selbst dessen schlimmste Seiten sind der Frau immer noch nah genug, um zu wissen, auf was für einem Boden sie steht; auch wenn es nicht immer einfach ist, den eigenen Schattenaspekten in der anderen Frau, die einem höllisch auf den Nerv geht, zu begegnen.

Imaginieren Frauen ein Versinken im Sumpf, dann fürchten sie, sich nicht mehr zu spüren; sich wertlos und schmutzig zu fühlen; sich nicht auf ihr Gefühl verlassen zu dürfen; den Körper als etwas zu erfahren, das ihnen nicht wirklich gehört und sich nach allen Seiten hin auflöst. Frauen verlieren im Sumpf keine Heidinnen-Ideale, sondern ihr *Körperselbst*[37] und die damit verbundene Selbstzentrierung. In weiblichen Imaginationen über den Sumpf erzählen Frauen davon, wie ihnen die Seele aus dem Körper gerissen wird, erzählen davon, wie fremde Kräfte aus fernen Galaxien in sie eindringen. Ausdruck solcher Sumpferfahrung findet sich im Gedicht von Emily Dickinson:

Schrecken, den man nicht überblicken kann –
Der sich im Dunkeln verbirgt –
Und das Bewußtsein ist gelähmt –
Und eingesperrt – [38]

Der Minnedienst

Die Stärke und Schwäche der weiblichen Identität liegt darin, daß sie umfassender mit dem Körper und seinen Sinnen verbunden ist als die männliche und auch stärker verwirrt wird, wenn sie in ihrem Verhältnis zum eigenen Körper gespalten ist. An keinem anderen Punkt unterscheiden sich weibliche Erfahrungen so grundsätzlich von den gesammelten männlichen Erkenntnissen der Weltliteratur wie in der körperlichen Sensibilität und konsequenterweise – der Sexualität.

Es ist geradezu irritierend, mit welcher Selbstverständlichkeit die junge Antikonie die sexuelle Initiative – wenn auch noch etwas holprig – ergreift und den weiteren Verlauf des sexuellen Spiels bestimmt. Im zwölften Jahrhundert, in dem unser Mythos angesiedelt ist, entstand ein bis dahin unbekanntes Phänomen; es wird als Minnedienst oder als höfische Liebe bezeichnet. Ein neues Bild der Beziehung zwischen Frau und Mann und eine sich verändernde Einstellung zur Sexualität tauchte in Europa auf. In der Minne ging es um mehr als um Eroberung der Frau und ihre Nutzung als Gebärerin, um mehr als um sexuelle Lust; das Ziel des Minnedienstes war es, die Sehnsüchte, Schmerzen und Abgründe der erotischen Liebe auf sich zu nehmen, nicht nur, um schließlich den andern für sich zu gewinnen, sondern um im Feuer des Eros *selbst verwandelt zu werden und dadurch das Geheimnis des Grals zu entdecken.*[39]

Zur gleichen Zeit wie der Minnedienst erreichte der Marienkult in Europa einen ersten Höhepunkt. Das führt manchmal dazu, daß diese beiden Richtungen einander gleichgestellt werden: keusch und asexuell. Nichts ist weniger wahr als das. Die Marienverehrung schloß die lebendige Frau als Trägerin der spirituellen Kraft aus und polarisierte Geist und Sexualität. Die Minne dagegen stellte die Frau, ihre sinnliche *und* ihre spirituelle Kraft, in den Mittelpunkt. Sexuelles Begehren, sinnliche Leidenschaft und geistiges Streben vereinigten sich im Dienst an der Minne; keiner der beiden

Pole durfte fehlen, wenn das erstrebte Ziel erreicht werden sollte. Affekte, Emotionen und Begierden wurden nicht abgewehrt, sondern als etwas erfahren, das bei richtiger Lenkung dem Menschen neue Horizonte erschließen konnte. Der Begriff der Keuschheit innerhalb der weiblichen Spiritualität, wie ihn die Minne verstand, bedeutete Ausrichtung auf den ekstatischen, den transformatorischen Pol der Sexualität und *nicht* sexuelle Askese.

Antikonies Verhalten muß aus dieser Sicht der frühmittelalterlichen Minne verstanden werden. Eine verliebte Frau und ein verliebter Mann waren vom Himmel begnadete Geschöpfe. Die erwachten sexuellen Energien sollten mit der Hilfe der Courtoisie[40] ritualisiert werden und die Liebenden selbst sich durch den göttlichen Zauber des Eros verwandeln; die sexuelle Ekstase zielte auf die Ergriffenheit der Gesamtpersönlichkeit und war eine Art erotische Eucharistie. Wenn die Liebenden die mächtigen Kräfte des Eros anriefen, wandelten sie auf dem geheimen Pfad der Erleuchtung – verwandt etwa dem tibetanischen Tantrismus[41]. Doch anders als im Tantrismus sollte man sich unter den Ritualen der Minne keine starr einzuhaltenden Regeln und seltsam-unnatürlichen Bewegungen vorstellen, wenn auch möglicherweise Kultpraktiken im Dienst der Göttin an die Oberfläche kamen; aber dies war nicht von entscheidender Bedeutung. Es ging vor allem darum, triebhaftes Begehren, körperliche Empfindungen und seelisches Fühlen so zu integrieren, daß es gelang, über die Schwerkraft der zielorientierten, triebhaften Begierde hinauszugelangen und in den Schwebezustand der strömenden seelischen Erfahrung des Eros einzutauchen. In der weiblichen Spiritualität war sexuelle Energie immer etwas höchst Bedeutungsvolles, die stärkste Kraft, um die Glut des Bewußtseins anzuheizen. Anders als in den älteren orientalischen Eroskulten, ist der Liebesdienst der Minne, wie er in den Liedern der Troubadours besungen wird, immer von dieser Welt und immer auf einen bestimmten Menschen bezogen, auf die Hingabe und Treue dem andern gegenüber.

Eine solchermaßen durch den Eros inspirierte Begegnung führt in einen Zustand der Trance. In der Trance vermischen sich äußere Empfindung und innere Bewegung, bewußte Einstellung und unbewußte Erfahrung. Die sexuellen Energien, von der einseitig genitalen Fixierung abgelöst, beginnen im Trancezustand *im ganzen Körper* zu strömen. Die auftauchenden Affekte verlieren ihre potentielle Destruktivität und erweisen sich als bewußtseinsfördernde, schöpferische Impulse. Ein solcher hochgeladener, elektrisierender Austausch löst mehr als nur körperliche Erregtheit, sondern genauso eine psychochemische Verwandlung aus: *ekstatische Initiation.*

Goethe hat die Ekstase der sexuellen Initiation, wie sie der Minnedienst erstrebte, in seinem Gedicht »Selige Sehnsucht« eine poetische Formel gefaßt. Sie beginnt mit:

Sagt es niemand, nur den Weisen,
Weil die Menge gleich verhöhnet,
Das Lebend'ge will ich preisen,
Das nach Flammentod sich sehnet.

In der Liebesnächte Kühlung,
Die dich zeugte, wo du zeugtest,
Überfällt dich fremde Fühlung,
Wenn die stille Kerze leuchtet.
Und endet:

Und so lang du das nicht hast,
Dieses: Stirb und werde!
Bist du nur ein trüber Gast
Auf der dunklen Erde.

In der erotischen Ekstase stirbt das alte Ich, und was zurückkehrt, ist ein Ich, das aus dem Herzen geboren ist; dies war das kostbare Ziel, der schwer erreichbare Schatz der Minne[42]; denn erst, wenn die Sehnsucht der Liebe das Herz in Flammen setzt, erst wenn das ganze Gefüge der gewohnten Vorstellungen, Vorurteile, Werte und Ideale durch die Wucht des leidenschaftlichen Begehrens ins Wanken gekommen ist, beginnt eine neue Entwicklung: Aus dem verbrannten Herzen ersteht der individuelle Mensch, der nicht mehr nach dem Gesetz der Menge funktioniert.

Es war die Aufgabe der Frau, den Mann in dieses spirituelle Geheimnis einzuführen. Die rituellen Formen waren das Hilfsmittel, das ihr zur Verfügung stand, die mächtigen, kurzatmigen Energien der männlichen sexuellen Energie in ein seelisches Geschehen umzuwandeln. Dem eigentlichen Liebesakt ging eine lange und leidenschaftliche Phase der Werbung und der gegenseitigen emotionalen Verstrickung voraus, in der die Frau die Fäden zog. Damit war die Frau in der Lage, flüchtige Begehrlichkeit von seelischer Leidenschaft zu unterscheiden, die sie weiter schürte, bis die Hitze genug groß war, bis sie den *ganzen Mann* und die *ganze Frau* ergriffen hatte.

An diesem Punkt ging es nicht plötzlich zum Nachteil der Frau drunter und drüber. Die Frau bestimmte das Datum der Nacht, die der Probe dienen sollte, und lud den Geliebten ein, zu ihr zu kommen, wenn ihm das recht sei, unter der Bedingung, daß er alles tue, »was ihr gefalle«. »Diese Sitte der ersten Nacht der Zärtlichkeit und Achtung, die, ganz Liebkosungen und Liebeserklärungen, der Vorbereitung des Herzens auf den Liebesakt gerichtet war, wird von mehr als einem Autor bezeugt.«[43]

Ein solches Bild der weiblichen Sexualität ist jenseits der Spaltung in Madonna und Hure, die die Spaltung von Körper und Geist als gottgegeben hinstellt.[44] Sexualität im Bereich der Göttin ist mehr als nur die Quelle allen Lebens, sie ist schöpferische Wandlung. Der ritualisierte Umgang mit sexueller Energie wurzelt in einer Moral, die nichts Lebendiges ausschließt und keinen Teufel kennt: Im Reich der Göttin entsteht das Kranke und Böse allein durch die Ignoranz und Arroganz des menschlichen Ichs, das nicht gelernt hat, mit den »heiligen Kräften« in sich und um sich herum respektvoll umzugehen, ihnen zu dienen und sie zu nutzen. Die Sexualität ist eine solche Kraft, die dem ihre Gnade schenkt, der sie ehrt und ihr gerecht wird, und die den überfällt und verstümmelt, der sie banalisiert oder mißbraucht.

Um die dominierende Rolle der Frau im Minnedienst zu verstehen, muß man sich erinnern, daß die Frau bis zum Höhepunkt der später einsetzenden Hexenverfolgung in allen sozialen Schichten noch ein selbstverständliches sexuelles Selbstbewußtsein besaß; anders als die viktorianischen Frauen, von deren Normen wir uns bis heute nur unvollkommen gelöst haben.

Durch die einsetzende Christianisierung wurde der Gral, ursprünglich Füllhorn des Eros, umgedeutet zum Symbol des christlichen Logos; damit fielen die Kräfte der Natur, die Menschheit und insbesondere alle Frauen, außer getauften Nonnen, dem Teufel anheim.[45] Mit der wachsenden Dämonisierung der weiblichen Spiritualität durch die Kirche gingen nicht nur die Rituale der Minne und das Wissen darüber verloren, auch die sexuelle Souveränität der Frau wurde in den Untergang mithineingerissen. Männer hatten schon immer Angst gehabt vor der Macht des irdischen Weiblichen, und auch für die Frauen selbst war es nie einfach zu verstehen, daß die Tiefe ihrer eigenen Sinnlichkeit und Sexualität im Dienste des gewaltigen Eros steht und nicht im Dienste der Männer. Die Verwalter der christlichen Macht kalkulierten ganz korrekt, daß ihr größter Gegner das selbstbestimmte Verhältnis der sexuell aktiven Frau zu ihrem Körper war. Im Trauma des einsetzenden Holocaust der Ahninnen gingen die überlieferten Rituale der weiblichen Spiritualität verloren und fehlen uns bis heute an allen Ecken und Enden.

Verglichen mit der sexuellen Revolution des 12. Jahrhunderts wurde die neuere des 20. Jahrhunderts den spirituellen Aspekten der Sexualität kaum gerecht. Sex zwischen den Bettlaken westlicher Industrienationen findet normalerweise seinen Höhepunkt immer noch in der männlichen Ejakulation und nicht in der Ekstase der Begegnung. Die Forschungen über weibliche Sexualität sind marginal. Noch immer steht die männliche Potenz im Mittelpunkt: Es wird nach Koitusfrequenzen gefragt, und von der Häufigkeit des Geschlechtsverkehrs wird auf sexuelle Gefühle und Genuß geschlossen. Auch über das ganze Feld der sexuellen Fremdbestimmung der Frau durch den Mann – von offiziellem sexuellem Mißbrauch und Vergewaltigung einmal abgesehen – gibt es kaum relevante Untersuchungen. Von der Frau weiß man zwar, daß ihre Sexualität anders funktioniert als die männliche und nicht so sehr vom Gesetz der Triebspannung und Triebentladung diktiert wird, aber diesen anderen sexuellen Werten wird kaum ein selbständiger Status zugebilligt. Es geht nicht nur darum, daß das männliche Triebkonzept von Druck und Entladung auf die Frau nicht zutrifft, sondern daß die weibliche orgastische Erfahrung stärker von zyklischen hormonellen Faktoren abhängig ist, die eng mit psychischen Erfahrungen und emotionaler Lebendigkeit verbunden sind. Das macht die üblichen sexuellen Aktivitäten für Frauen oft unbefriedigend, ohne daß sie explizit sagen könnten, was ihnen in der sexuellen Begegnung fehlt. Vielen mangelt das Selbstvertrauen der *Amazone*, um die Dimensionen des Eros zu erforschen, die Regeln zu bestimmen und die Minne neu zu erproben.

Körper, Selbstbewußtsein und sexuelle Selbstbestimmung hängen in der weiblichen Erfahrung unmittelbar zusammen. Für das weibliche Selbstgefühl bleibt der Körper ein Ort, an dem die Seele wohnt. Ohne Verwurzelung in einem Körper, der als Träger spiritueller Energie von innen erfahren wird, bleiben Frauen Gefangene männlicher Sichtweisen und erleben sich selbst von außen. Erst durch die Entfaltung einer weiblichen Sinnlichkeit, die dem Körper seinen Status als sensibles, komplexes, vibrierendes, spirituelles Instrument, als Träger psychischer Prozesse zurückgibt, werden die Immunstoffe gebildet, die für die notwendige Fremdabwehr sorgen und den Sumpf trockenlegen.

Ada McGrath IV
– Allerlei Handel

König Blaubart

Neben den Hauptsatz ihres Films, das Schicksal der verstummten Ada McGrath, stellt Jane Campion zur dramatischen Unterstützung einen Nebensatz: die Proben, die Requisiten und schließlich die Theateraufführung von König Blaubart und seinen zerstückelten Frauen. König Blaubart ist ein reicher und mächtiger Mann. Nach der Hochzeit übergibt er seiner Frau als Zeichen seines Vertrauens die Schlüssel für sein Schloß mit der einzigen Auflage, sie dürfe ein bestimmtes Zimmer nicht betreten. Daraufhin verläßt er das Haus und geht seinen Geschäften nach. Die Gedanken der Frau kreisen fortan um das tabuisierte Zimmer. Wie sie die Türe zu diesem Zimmer schließlich öffnet, entdeckt sie zu ihrem Entsetzen die zerstückelten Leichen ihrer Vorgängerinnen. Der inzwischen heimgekehrte Blaubart braucht nicht lange, um aus dem veränderten Verhalten seiner Frau die passenden Schlüsse zu ziehen. Die Ungehorsame wird verdammt, das gleiche Schicksal wie diese Vorgängerinnen zu erleiden. Doch da ist das *andere Männliche* zur Stelle und verhindert für diesmal Blaubarts Zerstückelungsfantasien. Im Märchen sind dies die Brüder der bedrohten Frau, die ihr zu Hilfe eilen. In Campions Film sind es die eingeborenen Maoris, die bei der Theaterpremiere ungeplant die Rolle dieses *anderen Männlichen* übernehmen und ungestüm ins Geschehen eingreifen; im Augenblick, da Blaubart mit der Axt ausholt, um die ungehorsame Frau zu zerstückeln, stürmen die »Wilden« mit Empörung die Bühne und bewirken den Abbruch der Aufführung.

Am Morgen nach Adas Ankunft verabschiedet sich Stewart. Er müsse für einige Tage weg und hoffe, Ada werde die Zeit nutzen, um sich im Haus einzuleben und die Hausarbeit zu organisieren. Kaum ist er weg, träumt Ada von nichts anderem als von ihrem Piano. Es ist ihr, als hörte sie von weit her »Cecilias« Rufen und Wispern; Ada folgt dem Wispern und tritt aus dem Haus ins Freie.

Ada beginnt zu handeln

Rund um den Hügel, auf dem George Baines' Haus stand, war der Boden trocken und fest. Aus dem Dschungel ringsum hörte man das Lärmen von Vögeln. Baines hatte es nicht für nötig befunden, die einheimischen Pflanzen und Bäume von seinem Grund zu verbannen. Wie Baines an diesem Vormittag aus der Hütte tritt, stehen Ada und Flora vor der Türe. »Du sollst meine Mutter zum Piano bringen«, übernimmt die kleine Tochter die Rolle der Botin. »Das kann ich nicht«, wehrt sich Baines erschrocken, »ich habe keine Zeit.«

Die drei verbringen den ganzen Tag am Strand. Adas Gesicht strahlt vor strömendem Glück, wie sie endlich wieder den Klang ihres Pianos hört. Flora dreht Pirouetten im Sand, und George Baines geht, von den Gefühlen, die die Musik in ihm auslöst, unruhig bewegt, hin und her. Erst wie es dunkel wird, machen sie sich wieder auf den Rückweg.

Es wird hin und her verhandelt

Seit diesem Nachmittag am Strand sehnt sich Baines ununterbrochen nach Ada und ihrer Musik. So kommt es einige Tage später zu einer folgenschweren Vereinbarung zwischen den beiden Männern, zwischen George Baines und Alisdair Stewart.

»Die achtzig Morgen Land, durch die der Fluß führt – was halten Sie davon?« eröffnet Baines das Gespräch.[46]

»Ich habe kein Geld! Worauf wollen Sie hinaus?« antwortet Stewart und hackt Holz.

»Ich will kein Geld, ich will einen Handel machen!«

»Womit?«

»Das Piano gegen das Land!«

»Das Piano am Strand?«

Baines nickt und versteckt sein Gesicht unter der Hutkrempe. Stewart hat aufgehört zu hacken; das Leuchten seiner Augen läßt sich nicht übersehen. Stewart gehörte zu den Menschen, die davon überzeugt sind, daß Überleben von Besitz abhängig ist. Besitz von Land war für ihn das Höchste, was einem Mann Bedeutung und Wert geben konnte.

»Ich werde Stunden nehmen müssen«, lächelt Baines hinter der Hutkrempe hervor, »sonst hätte es nicht viel Sinn.«

»Nun«, Stewart überlegt, »Ada kann spielen.«

Baines zuckt gleichgültig die Schultern.

Für einen Moment spürt Stewart den Haken, den Baines ausgeworfen hatte, doch seine Gier nach Landbesitz ist stärker, und er schluckt den Köder. Achtzig Morgen Land für die Kiste am Strand, das war ein guter Tausch! Das Piano war eh ein Stachel in Alisdair Stewarts Seelenhaut. Er hatte sich eine Frau bestellt, um eine Gefährtin zu haben, die seine Einsamkeit erträglich machen würde. Auf eine Frau, der eine Kiste aus Holz und Elfenbein mehr am Herzen lag als ihr eigener Mann, war er nicht gefaßt gewesen.

Die beiden Männer werden handelseinig: achtzig Morgen gutes, nicht sumpfiges Land gegen das Rosenholzpiano samt Ada und ihrem Unterricht.

Noch ein Handel

Baines ging mit acht seiner stärksten Maorifreunde zum Strand und holte das Piano nach Hause. Der Klavierstimmer, der das

Piano nach all diesen Strapazen wieder in Form bringen sollte, war blind, und Baines mußte ihn über weite Strecken auf seinem Rücken tragen.

Das Verhandeln mit Stewart, den Maoris und dem Klavierstimmer, alle die Mühe, um Adas Piano dem Sog des Meeres zu entreißen, der ganze Aufwand ließen sich als romantische Exaltiertheit eines Verliebten abtun. Doch George Baines hatte wenig Ähnlichkeit mit dem träumerischen Delwar aus Adas frühen Tagen. George stand fest auf dem Boden seines grünen Hügels und war von »Cecilias« Zauber weder gelähmt, noch trieb er ihn in die Flucht; mit Zuversicht, Hingabe und Leidenschaft entwickelte Baines eine Reihe von Aktivitäten, um den Zauber, der von Ada und ihrem Piano ausging, aufs trockene Land zu retten.

Ada und ihr Piano entsprechen einer Frau, die tiefe Ahnungen haben kann, unglaublich kreative Impulse; doch wenn sie diese umsetzen soll, erlebt sie eine ebenso tiefe Handlungsunfähigkeit. Die Unbestimmtheit ihrer Intuition wie auch die mangelnde, unangepaßte oder gar vergewaltigende Unterstützung von außen lassen sie schließlich resignieren. Anders als bei der Filmfigur Ada wird ihre Stummheit nicht so absolut sein. Sie wird über viele Dinge sprechen können, nur nicht über das eine, was sie wirklich bewegt. Zwischen ihren Gefühlen und der beschränkten Eindeutigkeit der Worte klafft ein schier unüberbrückbarer Abgrund. Keiner hatte Ada je gezeigt, wie man einen solchen Abgrund überbrückt – bis Baines in ihrem Leben auftauchte.

Manchmal erhofft sich eine solche Frau, in der Beziehung zu einem Mann – der ganz anders ist als sie – von dieser Gelähmtheit erlöst zu werden; einem, der weiß, was er will, und es auch formulieren kann; einem, der eindeutig ist und überzeugt von dem, was er sagt. Sie wird sich von Männern wie Stewart angezogen fühlen, die Zuverlässigkeit und Kontinuität oder sogar intellektuelle Kompetenz ausstrahlen; später verzweifelt sie an der Unerreichbarkeit ihres Partners, der kein wirkliches Interesse dafür aufbringen kann, sie zu ihrem Piano am Rand des Meeres zu begleiten; es fehlt ihm die notwendige Ausrüstung für derlei Expeditionen. Andere Frauen halten sich an jene wunderbaren, sensiblen und einfühlsamen Männer, wie es Adas Klavierlehrer Delwar war, die von Schastelmarveille und Rosenholzpianos nicht weniger fasziniert scheinen als die Frau selbst.

Doch jedesmal, wenn es ernst wird und es darum ginge, das Faszinierende greifbar zu machen und in die Beziehung einfließen zu lassen, nimmt die vielversprechende Liaison jeweils ein Ende; Delwar ist überfordert, erschrickt vor seiner eigenen Sensibilität und entdeckt, daß er soviel Nähe zur weiblichen Welt, die ihn eben noch so fasziniert hatte, nicht länger ertragen kann.

»Hinter jedem erfolgreichen Mann steht ...

... eine Frau«, sagt man. Und wie ist es bei der Frau? Es gibt in der Außenwelt nur wenig Männer, die eine Frau in ihrer inneren und äußeren Entwicklung vorbehaltlos unterstützen, ohne sie mit der allerbesten Absicht zu mißbrauchen und den Raum der weiblichen Kreativität in eigener Regie zu besetzen. Männer der Außenwelt eignen sich in der Regel nur in einem beschränkten Rahmen als Stützen, Vorbilder oder gar als vorläufiger Ersatz für die eigene noch unbewußte Männlichkeit der Frau. George Baines ist, von nahem betrachtet, weit mehr ein imaginärer Mann denn eine konkrete Erscheinung. Schon sein Äußeres: Die Tätowierungen, die Hütte im Dschungel, seine Fähigkeit, die Sprache der Eingeborenen zu sprechen, zeigen, daß er anders ist, daß er in Wirklichkeiten zu Hause ist, die für Männer eher ungewohnt sind. Die wenigen Männer dieser Art sind in der Regel Künstler oder Außenseiter und in ihre eigene Auseinandersetzung mit ihrer weiblichen Seite so sehr verstrickt, daß ihnen das Leiden der Frau draußen zwar nicht entgeht, sie jedoch meist keine freie Hand haben, die sie ihr anbieten könnten.

Alle direkten Vergleiche der Männlichkeit der Frau mit den Qualitäten von konkreten Männern – und umgekehrt ebenso – übersehen die verschiedene Ausgangslage von Frau und Mann. Stoßen wir in Märchen und Mythen auf eine Göttin, eine Fee oder ein anderes weibliches Zauberwesen, das mit dem Helden in einen nahen und hilfreichen Kontakt kommt – wie etwa die berühmte Beziehung der griechischen Göttin Athene zum Helden Odysseus –, haben wir es mit weiblichen Erscheinungsformen zu tun, die von einer Frau als unvollständig empfunden werden. Die weiblichen Wesen, die im Helden nicht den Affekt von »Lauf weg!« oder »Schlag sie tot!« auslösen, haben meist einen luftigen, intuitiven, »geistig-himmlischen« Charakter und wirken emotional eher etwas blutarm.

Anders die Frau. Will sie ihre schöpferische Energie, ihre Fähigkeit, authentisch zu handeln und sich selbstbewußt durchzusetzen, gewinnen, wird sie sich früher oder später mit ihrer ursprünglichen emotionalen Kraft konfrontieren müssen. Sie gerät dabei in den Sog der dunklen Hexenmutter und muß sich mit ihr auseinandersetzen. Dabei sind ihr weder die moralisch und intellektuell integren Stewarts noch die klavierspielenden Delwars eine große Hilfe. Heißt der Partner in einem solchen Fall Stewart, dann wird er von der Frau verlangen, daß sie sich nicht »so gehen läßt«; er wird ihr »vernünftige Krücken« anbieten und sie damit endgültig in die Verzweiflung treiben. Heißt er hingegen Delwar, besitzt er nicht genügend Standfestigkeit, um im Sturm der Emotionen zu bestehen; wie Hänsel in »Hänsel und Gretel« wird er von der Hexe gefangengenommen und festgehalten, bis Gretel ihr ureigenes Geschäft mit der Hexe und deren Ofen zu Ende gebracht hat.

Das Dilemma der Frau, sich ihrer männlichen Seite bewußt zu werden, indem sie diese psychische Qualität in einer anfänglichen Phase auf den äußeren Mann projiziert, hat bereits Jung in seinem

Anima-Animus-Konzept[47] angesprochen. Er schreibt: »Soweit meine Erfahrung reicht, versteht ein Mann immer leichter, was mit Anima gemeint ist, ja er hat gegebenenfalls sogar ein ganz bestimmtes Bild von ihr, so daß er unter einer größeren Anzahl Frauen jederzeit diejenige angeben könnte, welche dem Animatypus am nächsten kommt«, und weiter: »… ich habe nie einen Fall gesehen, wo eine Frau mir eine bestimmte Angabe über die Persönlichkeit des Animus hätte geben können.«[48]

Die Verantwortung für ihre schöpferischen Qualitäten und Talente, ihr Wissen und ihre Handlungsfähigkeit zu übernehmen, gelingt der Frau erst, nachdem sie ihrer töchterlichen Neigung, die eigene Autorität auf kreative Männer zu projizieren, entschlossen ins Auge geschaut hat. Dabei wird ihr klar, wie ungenügend ihre eigenen Ressourcen durch das männliche Vorbild gespiegelt werden. Was für eine Frau von entscheidender Bedeutung ist, erscheint dem Mann vielleicht gar nicht wichtig; doch wenn sie ihre ursprünglichen Empfindungen verleugnet, wird es ihr niemals gelingen, den Unterschied zwischen ihrem eigenen Standpunkt und dem eines Mannes klar zu verstehen. In einen inneren Krieg verwickelt, fürchtet sie sich davor, ihren eigenen »unvernünftigen« Bedürfnissen nachzugeben, verleugnet immer geschickter die Wahrheit ihrer Empfindungen und wird es eines Tages bereuen. Manchmal dämmert der Frau eine solche Einsicht erst, wenn sie schmerzlich erkennen muß, wie sie durch ihren verdrängten Anspruch auf eigene Autorität Tür und Tor zum Mißbrauch weit geöffnet hat. Zu lange haben sich Männer daran gewöhnt, das Weibliche als etwas zu betrachten, das sich den Werten männlicher Autorität unterstellt. Es fehlen Vorbilder, die dem Weiblichen den notwendigen Respekt erweisen. Erst in einer Sagengestalt wie *Gâwân* oder der literarischen Figur eines *George Baines* – die konsequenterweise der Imagination einer Frau entsprungen ist – stoßen wir auf jene andere männliche Qualität, die sich als Muse in den Dienst des kreativen Weiblichen stellt. Mit dem Bild einer solchen männlichen Haltung vor Augen ließe sich die Kapitelüberschrift für die Frau passend variieren und hieße dann: »*Hinter jeder authentischen, schöpferischen Frau steht ein Mann – ein innerer, der sie inspiriert und sie darin unterstützt, ihrem Empfinden zu vertrauen und entsprechend zu handeln.*«

Der erste Gang heraus aus ihrem ganz persönlichen Schastelmarveille führt Ada zu George Baines. Baines spürt und anerkennt Adas Qualitäten; er verkauft sein Land, um Adas Piano auszulösen; er setzt seine Freunde, die Maoris, in Bewegung, um den Transport des Pianos durch das schwierige Gelände zu bewerkstelligen; er findet den Klavierstimmer in der nächsten Stadt und schleppt ihn auf seinem Rücken bis hin zu seinem grünen Hügel. Baines setzt alle seine Ressourcen, seinen Witz und seine Beziehungen ein, vor allem aber seine nahezu unerschöpfliche Fähigkeit, *zu handeln und zu verhandeln*.

Auf der subjektiven Ebene entspricht diese Phase einer Situation, in der eine Frau beginnt, ihrer inneren Stimme zu vertrauen; sie riskiert es, das zu sagen oder zu tun, was sie wirklich denkt und fühlt, ungeachtet der Schwierigkeiten und der Angst, nicht verstanden zu werden, als unangepaßt, verrückt oder dumm zu gelten. Dies geschieht, wie im Falle von Ada, oft erst unter großem Druck, aus dem verzweifelten Gefühl heraus, daß sie nichts mehr zu verlieren habe und Aufrichtigkeit sich selbst und den andern gegenüber die Situation auch nicht mehr weiter verschlimmern könne.

Das Angebot des Strandwächters

Die schöpferische Frau kommt nicht darum herum, durch eine Phase der Verlassenheit und des Ungehorsams zu gehen. Dabei stößt sie früher oder später auf den »Geliebten der Göttin«. Manchmal ist das Auftauchen eines unbekannten, »unzivilisierten« oder sonst faszinierenden Fremden in den Träumen der Frau, der ein Wissen über verborgene Naturvorgänge hat, ein erstes Leuchtfeuer, daß die Initiation in das Stadium der *Amazone* geglückt ist.

Wie ein solcher Traum aussehen und welche Konsequenzen er für das Lebensgefühl haben kann, möchte ich anhand einer Traumerfahrung einer dreißigjährigen Frau zeigen. Bettina war keine Klientin von mir. Das, was ich von ihr erfahren habe und auch selbst bemerken konnte, stammt aus einem freundschaftlichen Verhältnis.

Bettina hatte eine akademische Ausbildung abgeschlossen und war bei Beginn der Schwangerschaft in einem pädagogischen Beruf tätig. Nach einer jahrelangen Beziehung heiratete sie. Ihr Partner strebte eine herausfordernde berufliche Position an, und es war ziemlich klar, daß es mit ihm zusammen kein Job-sharing von Beruf, Haushalt und Kindererziehung geben würde. Bettina mußte fürchten, keine eigene, familienunabhängige Entwicklung mehr machen zu können. Dies war ihr um so unvorstellbarer, als ihre Mutter zu den Pionierinnen der Frauenemanzipation gehörte.

Doch trotz dieser Bedenken fühlte sich Bettina in ihrer Schwangerschaft wohl. Im achten Monat hatte sie folgenden Traum:

Ich tauche, zusammen mit zwei Freundinnen [eine von ihnen hatte einige Tage zuvor, die zweite vor einem halben Jahr ihr erstes Kind geboren], im Meer. Wir tauchen im »blue hole«, einer Vertiefung in einem Korallenriff von etwa vierzig Metern Tiefe, die das sonst türkisfarbige Wasser an dieser Stelle in einem dunklen Blau erscheinen läßt. Dabei geraten wir in einen Strudel, und der Sog zieht uns in die Tiefe; die Drehung wird immer schneller; das Wasser ist so aufgewühlt und trüb, als ob wir uns in einem Schneesturm befänden; ich kann mich nicht mehr orientieren, habe keine Ahnung, wo oben und wo unten ist. Ich habe zwar meinen Kompaß bei mir, doch der Kompaßzeiger spielt verrückt und schlägt in alle Rich-

*tungen aus. Ich befürchte, daß wir alle ertrinken werden. Doch
eine meiner Begleiterinnen gibt mir Zuversicht: Wir sollen es nur
geschehen lassen, wir könnten eh nichts dagegen tun. Es würde
alles gut enden, sie hätte das bereits schon einmal erlebt. Da lasse
ich mich treiben und bin nicht mehr sehr beunruhigt.*

*Wir kommen an eine Grenze, an der das Wasser aufhört, und
plumpsen in eine Art Höhle, die in einer Luftblase unterhalb des
Wassers auftaucht. Ich frage mich, ob das Luftgemisch in dieser
Blase unter dem Wasser uns zuträglich sein wird. Doch wir fühlen
uns wohl und spüren keinerlei Beschwerden. Mauerreste sind da
unten zu sehen, Ausgrabungen einer alten Stadt, die sich in laby-
rinthartigen Gängen dahinziehen. Es ist erstaunlicherweise hell,
wenn auch die Quelle des Lichtes nicht auszumachen ist, eine Art
indirekte Beleuchtung. Der Boden, auf dem wir herumgehen, ist
eben und sandig. Ich weiß nicht, wie es uns je wieder gelingen wird,
aus dieser Welt unter dem Wasser aufzutauchen.*

*Nachdem wir eine Zeitlang herumgegangen sind, kommen wir
schließlich durch einen langen Tunnel an den Strand zurück. Dort
treffen wir auf den »Strandwächter«. Er erzählt uns mehr über den
Wasserstrudel. Bei dieser Witterung ziehe der Strudel nach unten,
doch gebe es Zeiten, da er nach oben ziehe. Er hätte ein Schiff, mit
dem er uns jederzeit zum »blue hole« hinüberfahren könne und
wieder zurück, wenn wir es wünschten.*

Die Farbe des Wassers in der Vertiefung des Korallenriffes ist von
einem tiefen Blau. Es ist das Blau vom Mantel Marias, der blauen
Blume der Romantik; blau ist der Weltinnenraum, von dem Rilke
schreibt:

*Durch alle Wesen reicht der eine Raum:
Weltinnenraum. Die Vögel fliegen still
durch uns hindurch. O, der ich wachsen will,
ich seh hinaus und in mir wächst der Baum.*[49]

Eingehüllt in den blauen Mantel der Göttin ist Schöpfung ohne Anfang und Ende; sie ist im Blau der Göttin unendlich enthalten, bevor sie aus ihrem Mantel heraustritt, um durch Raum und Zeit sichtbare Erfahrung zu werden: weiblicher Schöpfungsmythos.

Wie die drei Taucherinnen in den Bereich des »blue hole«[50] kommen, geraten sie in einen Prozeß der Desorientierung, dem sie sich überlassen müssen[51], ob sie wollen oder nicht. Wie sie schließlich im Land unter dem Meer ankommen, da können sie erstaunlicherweise atmen, wenn auch Bettina vermutet, daß das Luftgemisch hier unten ein anderes sein müsse als oberhalb des Meeres. Luft ist ein Synonym für Geist. Bei der biblischen, väterlichen Welterschaffung schwebt der Geist *über* den Wassern, hier im Traum von den drei Frauen schwebt er *unter* den Wassern. Die Erfahrung der Welt in der Tiefe, unterhalb des Wassers, ist durch ein logisches Verständnis allein nicht einzuordnen. Erst durch den wiederholten Prozeß des *Hin- und Hergehens* wird der »Geist unter den Wassern« zu einem Teil des persönlichen Selbstverständnisses.

Der Strandwächter bietet sich als Führer durch diesen Bewußtwerdungsprozeß an. Er kennt die rhythmischen Gesetzmäßigkeiten der Welt, von der die Frauen eben fasziniert zurückkommen, und verfügt außerdem über ein Schiff, mit dessen Hilfe die Reise zum »blue hole« immer wieder riskiert werden kann.

Jede Geburt ist Initiation

Als die Sexualität auf Lustgewinn und Fortpflanzung beschränkt und ihre spirituelle Bedeutung geleugnet wurde, verloren Schwangerschaft und Geburt ihren initiatorischen Charakter von Wandlung und Reifung. Ebenso erging es dem orgiastischen Aspekt der Geburt: In ihrer intensiven Mischung von Schmerz und Lust ist die Geburt ein Außersich-Sein, Grenzsituation, eine ekstatische Initiation, in der das alte weibliche Ich stirbt und ein neues geboren wird.[52] Durch die Geburt kommen zwei neue Wesen in die Welt, ein Kind und eine Mutter. Bettinas Psyche besteht, unbeirrt von Zeitströmungen, darauf, daß die Träumerin sich in einer initiatorischen Phase befinde und etwas spirituell Bedeutungsvolles vor sich gehe.

Manchmal klagen Schwangere über Gefühle der Desorientierung und brauchen Zuversicht, um dem Körper und seinen Prozessen zu vertrauen und sich dem Sog ihres »blue hole« zu überlassen. Gelingt dies, kann es zu einer psychischen Neuorientierung kommen, in deren Verlauf alte Traumata und hemmende Verhaltensweisen sich lösen. Das Übersehen der spezifischen Qualitäten weiblicher Bewußtseinsprozesse, nämlich das Zusammengehen von geistigen und körperlich-hormonellen Prozessen (nicht nur während der Schwangerschaft, Geburt und Stillzeit, sondern ebenso in den Menstruationsphasen und in der Menarche), schwächt oder unterbindet solche Entwicklungsrhythmen. Mögliche Folgen zeigen sich nicht nur in körperlichen Verkrampfungen, sondern ebenso in einer psychischen Entwurzelung, wodurch die Frau zum Spielball von äußeren Einflüssen und Ansprüchen wird, da die Empfindungen für die eigenen Bedürfnisse und Entfaltungsmöglichkeiten nie richtig reifen konnten.

Ein längeres Gespräch zwischen Bettina und mir fand acht Monate nach der Geburt statt. Sie arbeite teilweise in ihrem alten Beruf, erzählte sie mir, doch sie habe das Gefühl, daß ihre berufliche Entwicklung in eine andere Richtung gehe. Wohin, wisse sie im Moment noch nicht genau; es habe auch keine Eile damit. Sie genieße es vorläufig, mit ihrem Kind zusammenzusein. Manchmal, nachdem sie es gestillt habe, bleibe sie noch lange sitzen, das Kind im Arm, das irgendwann einschlafe. Sie schaue ihm zu, wie es schlafe, sich im Schlaf bewege, spüre seinen Körper, atme seinen Geruch. Sie habe sich in ihrem Leben noch nie so selbstsicher und so erfolgreich gefühlt. Es erscheine ihr heute, als hätte sie sich früher selbst ständig unter Beweisdruck gesetzt. Heute wisse sie, daß sie sich auf ihre Kraft verlassen könne. Das sei ein neues Gefühl. Das andere werde sich ergeben.

Die Kraft, um das Wort zu benützen, das Bettina gebrauchte, bewies sich mehr durch eine unaufdringliche Präsenz als durch Worte, zeigte sich in einer Atmosphäre des Wohlbehagens und Vertrauens. Dieses Vertrauen zeigte sich bei Bettina nicht nur in bezug auf sich selbst und ihr Kind; sie vermittelte es auch andern, die mit ihr in Kontakt kamen. Bettina hatte erfahren, daß die Abhängigkeit von körperlich-seelischen Prozessen, die gerade in der Schwangerschaft nicht immer einfach zu ertragen sind, keine Falle sein mußte, die ihr die Selbständigkeit und Selbstbestimmung raubte. Sie hatte in dieser Lebensphase ihre Fähigkeit entdeckt, ihren Empfindungen und Gefühlen vertrauen zu dürfen. Dies wird ihr auch beim Umsetzen ihrer Talente auf anderen Gebieten wertvoll sein.

Eine Bemerkung noch zu der Mutter-Tochter-Solidarität. Es stellt sich die Frage, ob Bettina durch ihre Entwicklung die Anstrengungen ihrer Mutter nicht desavouiert habe. War sie nicht auf dem besten Weg, ein Heimchen am Herd zu werden, ein Schicksal, dem die Generation ihrer Mutter gerade unter Aufbietung aller Kräfte entkommen war? Doch Bettina hatte ihre Position nicht aus einem Mangel an Möglichkeiten gewählt; sie hatte sie mit der selbstverständlichen Freiheit ergriffen, daß es für sie mehr als eine Möglichkeit geben wird, ihr Leben zu leben. Ihre Ausbildung und bisherige Berufsausübung waren fundiert und reichhaltig genug, um dieses Vertrauen zu untermauern.

Es wird um Heiliges verhandelt

Der Strandwächter in Bettinas Traum, der den Weg zum Korallenriff kennt, ist ein »Going-between«[53] zwischen dem Land der Vernunft und des bewußten Verstehens und dem imaginären »Tor zur Unterwelt«. Er ist der göttliche Reisende, wie er in den verschiedensten Kulturen auftaucht. Die Griechen nannten ihn Hermes, die Römer Merkur, bei den Kelten hieß er Eseus. Cernunnos, der Geliebte der Göttin, und Eseus, der göttliche Reisende, waren untrennbar miteinander verbunden. Im Augenblick, da Cernunnos die keltische *Anderswelt* verließ und das Land der sterblichen Menschen betrat, wurde er zu Eseus. Eseus brachte die Inspiration Cernunnos aufgeteilt in kleine und kleinste Stückchen – in einer für den Menschen gerade noch erträglichen Größe in die Welt. Auf einer alten Darstellung trägt Eseus[54], Vorläufer des Weihnachtsmannes, einen prall gefüllten Sack unter dem Arm. Was aus seinem Sack hervorquillt, ist ein Bewußtsein, das sich in verwirrenden Widersprüchen äußert und das erst durch die menschliche Bereitschaft, Konflikte, Angst und Ungewißheiten auszuhalten, seine gültige Form erhält.

Auch George Baines trägt die Züge eines solchen »Going between«, wenn auch als Mensch und nicht als göttliche Erscheinung. Er ist ein englischer Kolonist und gleichzeitig ein tätowierter Maori; er spricht die Sprache der Kolonisten wie auch die der Eingeborenen. Er springt ein, wenn die beiden Parteien miteinander verhandeln müssen und ihre widersprüchlichen Welten und Werte miteinander austauschen wollen. Auch in der Beziehung zu Ada erweist sich George Baines als Mitglied der geheimnisvollen Zunft des »göttlichen Reisenden« und dessen Verhandlungskünste.

»Ich möchte lieber nicht spielen«, eröffnete Baines die erste Klavierstunde und ergänzte: »Ich möchte zuhören.« Ada wiederum wollte ebensowenig einen Zuhörer, wie sie Unterricht erteilen wollte. Doch sie fühlte sich durch den Handel ihres Ehemannes verpflichtet, wie sie sich ihrem Vater in Schottland verpflichtet gefühlt hatte, der ebenfalls einen Handel über sie abgeschlossen hatte. Trotzig begann sie zu spielen, doch ehe sie wußte, wie ihr geschah, ging sie in der Musik auf. George Baines lauschte der

Magie ihres Spieles; er erfreute sich, wie Adas Finger flink über die Tasten wanderten und ihr Körper sich über das Piano wiegte. »Ohne darüber nachzudenken, was er tat, ging er zu ihr, legte ihr die Hand auf die Schulter, beugte sich hinab und küßte sie auf den Nacken. Nach Luft ringend, wich Ada vom Piano zurück.«[55]

Adas Zorn ist erwacht, und ihre Augen sprühen Funken. Doch noch hat sie keine Erfahrung, wie man Grenzen absteckt und wie man verhandelt. Baines springt ein und schlägt ihr vor, daß sie miteinander Abmachungen aushandeln sollten. »Willst du dein Klavier zurückhaben?« frägt er und ergänzt: »Weißt du, wie man verhandelt?« Und da Ada nicht antwortet: »Wir beide könnten einen Handel miteinander schließen!« Ada horcht auf: einen Handel, in dem sie selbst Handelnde war? Sie atmet tief durch wie eine, die unerwartet Boden unter den Füßen spürt.

Ausgehandelt wird folgendes: Als Gegenwert für jeden ihrer Besuche erhandelt sich Ada das Recht auf eine schwarze Klaviertaste; für alle schwarzen Tasten zusammen würde sie ihr Piano zurückbekommen. Baines wiederum durfte, während sie spielte, gewisse Dinge tun, die er sich wünschte. Was diese gewissen Dinge sein sollten, wurde nicht ausgehandelt. Trotz der ziemlich unklaren und kompromittierenden Umstände ist Ada stolz auf ihren Handel, nicht zuletzt deswegen, weil mit Sicherheit weder ihr Vater noch ihr Ehemann je etwas davon erfahren durften. Sie setzt sich mit geradem Rücken wieder hin, hebt selbstbewußt den Zeigefinger und beginnt zu spielen. Sie hat sich einen neuen Status als handlungsfähige Person errungen, hat über ihren wertvollsten Besitz, das Piano, verhandelt und würde es zurückbekommen! Ada kann ihren Stolz nur schwer unterdrücken.

Ada kam nun jeden dritten Tag und spielte. Baines träumte in der Nacht von den seltsamen Melodien, mit denen Ada McGrath sein Haus erfüllte. Schlug er morgens die Augen auf, war das Piano das erste, worauf sein Blick fiel. Sein Geist war auf eine neue Weise erfüllt und zufrieden.

Es werden neue Verhandlungen angesetzt

An einem dieser Tage bricht Baines das übliche Schweigen zwischen ihnen mit der Bemerkung: »Zieh den Rock hoch.« Ada ist verblüfft und tut nach anfänglichem Zögern, was Baines wünscht. Das also war der Handel! Baines legt sich rücklings auf den harten Holzboden, als wäre er ein sanftes Daunenbett, und beobachtet fasziniert die behenden Bewegungen von Adas Füßen auf den hin- und herschwingenden Pedalen des Pianos.

Der Handel, einmal in Schwung gekommen, geht weiter. Am nächsten Nachmittag, kaum hat Ada zu spielen begonnen, sagt Baines, von einem unbezähmbaren Drang getrieben: »Zieh dein Kleid aus!« Ada zieht ihre Jacke aus und George Baines sein Hemd. Auf diese Weise wird Stück um Stück der gegenseitigen Verkleidung verhandelt.

Auch in der psychotherapeutischen Körperarbeit gleicht das Wahrnehmen von körperlichen Empfindungen und emotionalen Reaktionen dem Ablösen von Reifröcken, unter denen das Ich sich erschrocken versteckt hat. Der Körper, mißtrauisch und voller Angst, lernt erst allmählich wieder, seinen Wahrnehmungen zu vertrauen und sie zur zuverlässigen Grundlage für die reifende Psyche zu machen. Wenn der weibliche Körper nicht darauf vertrauen kann, daß er, so wie er ist, angenommen und in Ordnung ist, findet die Psyche niemals die notwendige Verankerung, die sie braucht, um sich in das Leben hinein zu entwickeln. Das Ich verharrt in einer Art Erstarrung und einer Verweigerung des körperlichen weiblichen Lebens.

Dieses Sichannähern und Sichzeigen ging so fort – bis zu einem gewissen Tag. Wie Ada an diesem Tag die Hütte betritt, wirft Baines den ganzen Handel über den Haufen: Ich gebe dir dein Piano zurück. Unser Handel gefällt mir nicht mehr! Er macht dich zu einer Hure und mich unglücklich. Das ist nicht gut. Das Piano gehört dir!«

Baines hält Wort, und die Maoris bringen das Piano in Stewarts Haus. Doch Ada wird nicht froh darüber, und das verwirrt sie. Anstatt zu spielen, jetzt, wo das Piano ganz ihr gehörte, streift sie ziellos umher. In Ada McGraths Leben tat sich ein dunkler Abgrund auf; sie war an einem Scheideweg angelangt, und keiner konnte ihr sagen, was zu tun sei. Sie mußte alleine die Entscheidung treffen und die Konsequenzen, die eine solche Entscheidung mit sich brachte, auf sich nehmen. Kein anderer konnte das für sie übernehmen, kein anderer konnte für sie handeln, kein anderer konnte wissen, was für sie richtig war oder falsch.

Gehörtwerden

In der Beziehung zu George Baines hatte Ada ein Ohr gefunden, das sie hörte. Die Leute aus der Gegend und auch Stewart selbst hielten die Stumme eher für eine Art Verrückte denn für eine begabte Frau. Ada selbst wußte nicht, was sie von sich halten sollte, vielleicht war sie ja wirklich verrückt.

Mich und meinen eigenen Wert zu erkennen, setzt voraus, daß es einen anderen gibt, der mich hört, wenn ich dem Ausdruck gebe, was mich bewegt; der auch dann noch zuhört, wenn die Schwierigkeiten, Verwicklungen und Verwirrungen einer solchen Anhörung deutlich werden. Wie in der Saga vom Gral die verwunschenen Frauen muß Ada lange Zeiten warten und schweigen, bis einer kommt, der sie hören kann, ohne zu erschrecken. Mit dem *Gehörtwerden* der Frauen hat es eine besondere Bewandtnis. Frauen werden durchaus gesehen, sogar gerne gesehen, aber sie werden selten wirklich gehört.

Als die Welt durch das männliche Wort erschaffen wurde, mußte konsequenterweise das Wort der Frau verbannt werden. Nicht daß Frauen überhaupt nicht mehr gesprochen hätten, wie es im Falle von Ada geschehen war, die die Konsequenz ihrer Verbannung auf die Spitze getrieben hat. Doch das weibliche Wort wurde fortan auf den privaten Raum beschränkt und verlor die Welt als Spielplatz der kreativen Ideen. Öffentlich zu sprechen wurde für Frauen in allen patriarchalen Kulturen zu einem Tabu, das zu übertreten auch heute noch für viele unbewußt als Form *des weiblichen Ungehorsams* erlebt wird. Frauen sollen durch Aussehen, durch Schönheit, Charme, Takt und eine angenehme Atmosphäre, durch diplomatisches Schweigen, durch Kindergebären auf sich aufmerksam machen, aber sich nicht durch Reden vordrängen, die von Männern Aufmerksamkeit und Anerkennung einfordern. Männer sollen nicht auf das hören, was Frauen sagen: So sagt es ihr Mythos. Hören heißt, auf etwas zu horchen; da könnte es leicht geschehen, daß aus dem Horchen unversehens ein Gehorchen wird.

Es muß anfänglich eine ungeheure Anstrengung gewesen sein, die Stimmen der Frauen in einem solchen Maße auszublenden, daß sie nicht mehr gehört werden konnten; weibliche Stimmen sind in der Regel höher als männliche, und selbst bei gleicher Stimmhöhe hat die Stimme der Frau mehr Obertöne.[56] Je höher Stimmen aber angelegt sind, um so mehr fallen sie auf, werden leichter gehört und setzen sich gegen die dunkleren Stimmen durch. Hohe Stimmen klingen weiter, sind durchdringender; Feldwebel üben die Dominanz der hohen, »weiblichen« Stimme auf dem Kasernenhof bis zur Heiserkeit. In der Musik übernehmen die hohen und höheren Instrumente die Stimmführung, die Melodie. In einem Orchester dominieren die hohen Stimmen.

Unser Hören ist entwicklungsgeschichtlich älter, archaischer als das Sehen, das eine spätere Errungenschaft der Evolution ist. Hören ist sinnlicher, emotionaler, erreicht niemals die reine Abstraktheit des Sehens. Was immer wir hören – etwas in uns reagiert emotional darauf, ob wir es wollen oder nicht. Durch das Ohr dringt etwas in uns hinein und entfaltet dort eine Wirksamkeit, die nicht kontrollierbar ist.

Frauen haben nicht nur die eindringlichere Stimmlage; sie haben auch die größere Lust am sprachlichen Ausdruck. Wenn das Sprichwort sagt: »Ein Mann, ein Wort; eine Frau, ein Wörterbuch«, so entspricht das durchaus der Realität; Mädchen sprechen mehr, haben einen reicheren Wortschatz und üben ihn intensiver, sei es in Puppenspielen oder untereinander, als Buben; dort wo sich Buben handfest verprügeln, hauen sich Mädchen Verunglimpfungen um die Ohren und machen nur Pause, um Luft zu holen. Erstaunlicherweise bringt ihnen das später in der beruflichen Karriere keine Vorteile, da sie in der männlich dominierten Berufswelt auf das alte Tabu stoßen: Das Wort der Frau soll nicht gehört werden in der Gemeinde.

Da die weibliche Stimme sinnlicher, emotionaler, eindringlicher ist, mußte sie an einem bestimmten Punkt der Entwicklung des männlichen Selbstverständnisses mit aller Kraft abgewehrt werden. Weibliche Stimmen werden nicht mehr respektiert, stehen nicht mehr für Weisheit, sondern für bösen Zauber und tückische Verführung, gegen das »mann« sich schützen muß. Troja wäre nicht zerstört worden, hätte man nicht zuvor aufgehört, auf die Stimme von Kassandra, der Seherin, zu hören.

Auch die mittelalterliche Erzählung von Schastelmarveille und den verwunschenen Frauen handelt von der Weisheit und der Spiritualität des Weiblichen, dessen Stimme nicht mehr gehört werden darf. In der Geschichte von Ada begegnet ein kleines, ahnungsloses Mädchen diesem Fluch, der über die weibliche Stimme verhängt worden ist, und verfällt dem Reich des Schweigens, bis jemand kommt und ihm zuhört …

Orgeluse IV
– Die Toberin

Die dritte Stufe der Initiation

Wie es Gâwân, dem Helden ohne Tadel, erging, seit er dem Turm
von Schanpfanzûn entkommen, ob er in allerlei Kämpfe geriet, das
mögen die sagen, die es gesehen haben. Jetzt aber wird er bestimmt
in einen Kampf geraten. Auf seiner Suche nach den verwunschenen
Frauen, die nun schon über ein Jahr dauert, nähert er sich der
berühmten Burg von Logrois. Viele Sänger hatten ihm die Burg der
Herzogin von Logrois schon gepriesen. Auf den Berg, auf dem sie
steht, windet sich ein Burgweg. Sieht man die Burg aus der Ferne,
gewinnt man den Eindruck, sie drehe sich wie ein majestätischer
Kreisel um ihre eigene Achse. Gâwân reitet den Burgweg ganz hinauf, in immer enger werdenden Zirkeln. Etwas abseits vom Weg,
an einer Quelle oberhalb eines Felsens, trifft er auf Orgeluse von
Logrois oder sie auf ihn. Der Erzähler sagt von Orgeluse, daß sie
eine Wohltat für das Auge und eine schlimme Schleudersehne für
das Herz sei, so bezaubernd sei ihre Schönheit und so bitter ihr
Zorn. Gâwân steigt vom Pferd und bietet ihr seinen Gruß. Orgeluse lächelt – es ist ein Lächeln für die Liebe, eines für den Haß und
ein drittes für den Schmerz – und trifft mitten in Gâwâns Herz.
Gâwân verliert sich in diesem Lächeln. Er verbeugt sich und stam-
melt: »Dein Lächeln ist die Sonne, in deren Glanz mein Herz seine
Flügel verbrennt.« Orgeluse senkt den Kopf ein wenig als war-
nendes Zeichen, daß sie zum Angriff übergehe, und antwortet mit
funkelndem Auge: »Na schön, nun weiß ich auch das noch.«[57] Und
das ist erst der liebliche Anfang ihres Zornes. Doch Gâwân ver-
nimmt die Trauer hinter dem Spott, den Schmerz hinter dem Zorn
und läßt sich durch Worte nicht schrecken.

Die beiden reiten zusammen eine Strecke, während ihre Worte aufeinanderprallen, sich abstoßen und wieder finden, bis sie nach allerlei Zwischenfällen schließlich zu einem Fluß kommen, an dem bereits die Fähre auf die Herzogin wartet. »Ich fahr' weit fort«, schließt Orgeluse mit finsterem Gesicht den Disput, »du wirst mich kaum wiedersehen. Am besten, du vergißt mich!« Und wie die Fähre schon abstößt: »Doch könntest du mir einen Dienst erweisen. Dort hinter dem Wald liegt eine Burg. Meine Jäger erzählen seltsame Geschichten über sie. Willst du hinreiten und erfahren, was dort geschieht, und mir davon erzählen, wenn ich wiederkomme?«

»Wie ist der Name der Burg?« ruft Gâwân ihr noch nach. Doch die Fähre ist bereits hinter dem dichten Ufergebüsch flußabwärts verschwunden. Trägt ihm der Wind nicht das Wort »Schastelmarveille« zu, oder narrt ihn seine Fantasie? Gâwân setzt sich auf die Anlege der Fähre. Hier würde er warten, bis der Fährmann wiederkam, um ihn hinüberzusetzen, und morgen würde er die Burg finden. Gringuljete weidete in der Nähe.

Ich habe Orgeluse die *Toberin* getauft, denn sie erinnert mich an die keltische Heldin *Derdriu*, was übersetzt ebenfalls *die Toberin* bedeutet. Es besteht eine große Wahrscheinlichkeit, daß die Kelten, wie andere indogermanische Völker, auch eine Sonnengöttin verehrten. Ausdruck davon findet sich noch in den Ikonen und Inschriften der Göttin Sul, die in Aquae sulis in Südengland verehrt wurde. Spuren der Sonnengöttin finden sich auch in den überlieferten keltischen Frauengestalten von Isolde, Grainne und eben Derdriu, der Toberin.[58]

Die Sage erzählt, daß Derdriu, als sie noch im Mutterleibe war, so laut schrie, daß die Menschen ringsum es hören konnten. So kam sie zu ihrem Namen. Die Männer, die sich versammelten, um das bedrohliche Phänomen zu hören und zu deuten, wollten in einem ersten Impuls das Mädchen gleich nach seiner Geburt töten lassen, so unheimlich war ihnen Derdrius Schrei. Doch dann kamen sie zum Schluß, daß die Toberin, wenn sie zur Frau herangewachsen sei, des Königs Frau werden solle. Es schien ihnen der beste Weg, die Kraft, die aus diesem Schrei herauszuhören war, unter Kontrolle zu halten. Doch Derdriu, einmal herangewachsen, wollte nicht den alternden König heiraten; sie wollte überhaupt keinen Mann, der über sie bestimmte. Sie wollte die Freiheit, sich zu entscheiden, wie sie es für richtig hielt; und sie entschied sich für einen jungen Mann aus der Nachbarschaft, warb um ihn, heiratete ihn und floh mit ihm außer Landes, weg vom Machtbereich des Königs. Doch dieser war nicht bereit, die Mißachtung des königlichen Wortes hinzunehmen. Mit Hilfe von Verrat lockte er Derdrius Geliebten in eine Falle und ließ ihn ermorden. Derdriu, nun ohne jeden männlichen Schutz, konnte der kriegerischen Macht des Königs nichts mehr entgegenstellen. Des Königs Knechte holten Derdriu und packten sie auf des Königs Wagen. Derdriu aber sprang vom Wagen in die Tiefe; ihr Kopf zerschmetterte an einem Stein. So wurde Derdriu am Ende doch noch des Königs Besitz – aber nicht mehr lebendig.

Nun taucht im frühen Mittelalter, in einer Gesellschaft mit wachsender Dominanz der Kirche, die Sage über eine Frau auf, die eine Schwester Derdrius, der keltischen Heldin, sein könnte: Orgeluse. Sie weigert sich, den Machtanspruch, mit dem Gramoflanz ihr die Souveränität abspricht, in masochistischer Selbstaufgabe hinzunehmen. Offiziell ist sie zwar eine Geächtete, von der neuen sozialen und religiösen Ordnung ausgeschlossen, aber nichtsdestotrotz hat sie nichts von ihrer zauberischen Macht, Schicksal zu spielen, Krieg, Schmerz und Transformation heraufzubeschwören, verloren. Auch diskriminiert, bleibt die Tochter der Sonne weiterhin ein wirkender Aspekt. Nur wird jetzt ihre Sonnen- und Geistqualität nicht mehr als solche erkannt.

Das erste Gefühl, das wir kennenlernen, wenn wir Orgeluse in uns entdecken, ist ihr Zorn; es ist ein Zorn, mit dem Orgeluse jeden anfaucht, der den von ihr gesetzten Grenzabstand nicht respektiert, der glaubt, über sie Bescheid zu wissen, sie manipulieren und kontrollieren zu können. Zorn ist eine die persönliche Integrität schützende Emotion. Zorn stellt sich ein bei Übergriffen, seien sie körperlicher oder mentaler Natur, seien sie grob und unverblümt oder höflich und manipulierend. Zorn ist das »Nein« auf vergangenes und zukünftiges Unrecht, Zorn sagt dem andern, jetzt bist du zu weit gegangen, jetzt hast du meine Würde verletzt. Zorn ist offensichtlich und erfordert keine Erklärung. Zorn verhindert, daß ich mich zum Opfer von andern mache, meine Selbstachtung verliere und mich mit meinem Aggressor verbünde, in der blinden Hoffnung, ihn damit zu besänftigen.

Aufgestauter, verinnerlichter Zorn, der nicht sein darf, ist ein gefährliches Übel. Die Folgen sind das eine Mal chronische Destruktivität und das andere Mal unberechenbar aufschießende Aggression.[59] Orgeluse dagegen ist mit ihrem Zorn verbunden; er macht ihr heiß und brennt wie Feuer; er ist kein gefrorener Zustand der verbitterten Ohnmacht, kein vorgeschobener Kiefer, keine zusammengeballten Fäuste, kein steifer Rücken. Orgeluses Zorn gilt Gramoflanz, der sie aus ihrem Garten vertrieben und ihren Geliebten getötet hatte, aber Gâwân bekommt ihn zu spüren. Wenn einer Frau ihr Zorn bewußt wird – und nicht nur ihr eigener, auch der ihrer Mutter und der von Generationen von Frauen vor ihr –, bekommt es zuerst der Mann zu spüren, der ihr am nächsten steht. Frauen, die entdecken, daß sie nicht so hilflos sind, wie man sie glauben ließ, können von der Intensität ihres Zornes überwältigt werden. Sie kennen seine Kraft noch nicht, wissen noch nicht, wie man ihn steuert und zu einer geschliffenen Waffe macht. Es geht nicht darum, daß die Frau sich am Zorn berauscht und andere blind zu Sündenböcken macht, sondern daß sie ihn als eine angemessene Reaktion auf erfahrenen Schmerz, auf Demütigung und Verlust respektiert; dann bleibt der Zorn konstruktiv. In der Initiation der Toberin ist der Zorn kein zerstörerischer Kriegsgott, sondern ein Heiler und Ratgeber; er ist eine Elementarkraft mit eigenen Schwingungen, die das Leben mit Energie, Inspiration und Kreativität versorgt.

Auch die Angst, ähnlich dem Zorn, nimmt im Spektrum der weiblichen Intelligenz einen anderen Stellenwert ein als in den Mythen vom heldenhaften Sohn, der den Ruhm des Vaters mehrt, indem er die Angst »besiegt«. Die mutigen, angstüberwindenden Taten des Heros stützen sich auf die Spaltung zwischen dem Licht und den dunklen Kräften – und meist wird das Dunkle dem Weiblichen zugerechnet. Frauen gelten als ängstlich, und Angst zu haben ist aus dem Blickwinkel des Helden weibisch und feige.

Frauen, die ihre weibliche Intelligenz respektieren und leben, erleben Angst als intuitiven Wink, körperhaft, als eine Art Lähmung oder tiefes Durchatmen, je nachdem, ob ein bestimmter Punkt der Gefahr noch nicht erreicht oder schon überschritten ist. Das körperliche Wissen wird besonders in gefahrvollen Situationen aktiviert, ist Signal, die Sinne zu intensivieren und das Ich zur Wachsamkeit zu ermahnen, ein psychisches Radargerät, das Orientierung gibt, wo der Verstand (noch) nichts zu erkennen vermag. Die mächtigsten Intuitionen treten nicht selten in Streßsituationen auf und werden durch die Angst erst ins Bewußtsein gehoben. In der Sage von Derdriu läuft ihr Geliebter in die Falle des Königs, weil er ein männlich heroisches Ideal höher stellt als die Angst Derdrius und die damit verbundene intuitive Warnung. Er setzt sich über Derdrius angsterfüllten »Kassandraruf« hinweg, folgt dem verräterischen Versprechen des Königs und wird im Grunde sowohl an seinem eigenen Tod schuldig wie an dem seiner Brüder und am Ende dem von Derdriu; ebenso an der Verwüstung des Landes, die daraufhin einsetzt.

Frauen sollten sich ihrer Ängstlichkeit nicht schämen. Ein feinabgestimmtes Angstgefühl bewahrt ein dynamisches Gleichgewicht und schützt davor, drohenden Gefahren blind und taub zu begegnen. Werden die Angstsignale weder gespürt noch verstanden, dann verliert die Angst ihre lebensfördernde und -schützende

Qualität und verwandelt sich in eine verallgemeinernde Paranoia, ein ständiges leichtes Angstfieber und einen chronischen Muskelkrampf. Am Ende überfällt uns die mißachtete Angst und frißt uns auf. Richtig kanalisierte Angst hingegen bringt ein aufmerksameres Handeln hervor, regt an, die notwendigen Veränderungen im richtigen Augenblick vorzunehmen, und signalisiert, wann es höchste Zeit wird, sich zu schützen.

Nicht nur in bedrohlichen Situationen helfen Gefühle wie Zorn oder Angst und haben Lotsenfunktion, wir sind ständig auf das Wissen der Gefühle angewiesen. Doch Gefühle machen auch verletzlich und sind letztlich unkontrollierbar. Dann geschieht es, daß wir auf jemanden zornig sind, den Zorn jedoch gegen uns selbst richten, um ihn unter Kontrolle zu halten, und unser Verhalten äußerst erwachsen und vernünftig finden. Oder wir verzweifeln, weil wir uns verlassen und traurig fühlen, und stilisieren uns zu einsamen Heldinnen hoch. Wir machen uns etwas vor, werden unverletzlich und sind stolz darauf. Wir bauen eine Abwehr gegen die unruhigen Bewegungen des emotionalen Untergrundes in uns auf, der es nicht zuläßt, daß wir einen endgültigen Standpunkt einnehmen, um endlich sicher wissen zu können, wer wir sind und was wir tun müssen. Wir versuchen es trotzdem, helfen uns mit intelligentem Parlieren, moralischen Idealen, geschicktem Taktieren und distanzierter Gelassenheit: rationale Baldriantropfen gegen das schwabblige Gefühl im Bauch. Die errungene emotionale Unverletzlichkeit bezahlen wir mit dem Versickern der inneren Lebendigkeit. Etwas später suchen wir verzweifelt nach einem Kick, der uns wieder in emotionale Bewegung versetzt und uns das Gefühl zurückbringt, daß wir wirklich leben.

Viel wird geschrieben, wie wichtig es sei, unsere emotionale Intelligenz zu entwickeln. Doch wir sollten uns nichts vormachen: Bevor sich ein emotionales Selbst entwickeln kann, müssen wir den Tanz auf dem wackligen Boden unseres emotionalen Untergrunds erst üben – sonst laufen wir Gefahr, daß wir die exaltierten Hirnkrämpfe und aufgeregten rechthaberischen Gedanken, die uns so sehr aus der Fassung bringen, mit dem viel tieferen Fluß der Gefühle verwechseln. Es ist nicht etwa so, daß ein Mangel an emotionalen Ausdrucksformen herrschte; wir sind in ausreichendem Maße damit versorgt. Doch es besteht die Gefahr, daß uns von plakativen Gesten und von gescheiten psychologischen Thesen der individuelle Zugang zu unseren tieferen Gefühlen verstellt wird. Gefühlsstärke ist nicht mit Sentimentalität, mit Selbstmitleid oder mit dem gelungenen Versuch, mit dramatischen Auftritten die Aufmerksamkeit anderer zu erringen, zu verwechseln.

Bei Männern und Frauen, die sich bemühen, sich ihres emotionalen Untergrunds bewußt zu werden, kann der Unterschied zwischen der Gefühlswelt der Frauen und der Gefühlswelt der Männer zu unberechenbaren Schwierigkeiten führen. Für den Mann ist das Gefühl weniger mit dem Körper verbunden als bei der Frau. Für die Frau ist der Körper der Ort, wo die Gefühle Hausrecht beanspruchen. Wie erkenne ich, daß ich eine Initiation der Toberin durchlaufe? Ich schreie vor Freude, erstarre vor Angst, meine Augen laufen über vor Traurigkeit, ich zittere vor Zorn. Die Wortverbindungen vermitteln es bereits: Gefühle drücken sich in den Reaktionen meines Körpers aus.

Wenn ich den Mut habe, einen Standpunkt einzunehmen, der von echten Gefühlswerten getragen ist, dann werde ich von den Empfindungen und Reaktionen meines Körpers unterstützt; ich fühle mich ganz. Der Körper weiß mehr über meine Gefühle als mein kontrollierender Kopf und mein abstraktes Wissen. Ohne dieses Vertrauen in die Reaktionen des eigenen Körpers kann kein Vertrauen in die eigene Gefühlsbewegung und – wie wir später sehen werden – kein Vertrauen in das weibliche spirituelle Wissen entstehen.

Die höchste Ausdrucksform des emotionalen Selbst ist die Liebe. Die ganze Welt sucht nach den Liebenden, aber kaum einer weiß, wie man es wird. Die Sehnsucht nach Liebe, die wir alle in uns tragen, ist erst der Rohstoff. Eine Sängerin braucht Training, um den Stimmumfang, die Atemtechnik, das Körpergefühl und die musikalische Erfahrung zu haben, die es braucht, um einen tragenden, wunderbaren Ton hervorzubringen. Genauso ist es mit der Liebe. Darum handelt die Stufe der Toberin letztlich von der mächtigsten emotionalen Erfahrung, von der Begegnung zwischen Frau und Mann und dem lebendigen wie schreckenerregenden Untergrund, dem sie entspringt. Das Herzstück der weiblichen Spiritualität ist die Liebe zwischen einer Frau und einem Mann, zwischen Göttin und Gott.

Die leidenschaftliche Liebe zwischen Frau und Mann, wo immer sie auftritt, sei es im Leben oder in der Literatur, ist Unruhestifterin und unkontrollierbare Irritation von Regeln, Moral, Traditionen und konventioneller Anständigkeit. Sie bringt Lebensläufe aus dem Tritt und ist eine unerwünschte Unterbrechung des üblichen Hymnus auf klare Verhältnisse, auf stabile Macht und sicheren Gewinn. Es war klug und überlegt gehandelt, als der König Derdrius eigenwillige Liebschaft mit Unwillen verfolgte, den Geliebten umbrachte und Derdriu selbst zu seiner ordentlichen Ehefrau machen wollte. Es hätte alles seine Ordnung gehabt, und die Welt wäre geblieben, so wie sie war; aber Derdriu wollte ihren eigenen Willen. Es war nichts anderes als klug gehandelt, als Blaubart seiner Frau untersagte, das verbotene Zimmer zu betreten und die traditionelle Mann-Frau-Beziehung in Frage zu stellen; aber die Frau wollte ihren eigenen Willen. Wo immer die Leidenschaft der Liebe, die Königin aller Gefühle, auftritt, verlieren die großen Konventionen ihre Macht, der Kältesee im Herzen kommt ins Fließen, und es entsteht ein Wirbel wie am ersten Schöpfungstag. Derdriu flieht mit dem Geliebten aus dem Machtbereich des Königs, das verbotene Zimmer in Blaubarts Schloß wird geöffnet, die Könige und Blaubarts verlieren die Kontrolle, die Frau bekommt ihren Willen, die Welt gerät aus den Fugen – und alles beginnt noch einmal.

Ada McGrath V
– Das verbotene Zimmer

Der Schlüssel zum Zimmer

»Der Busch war von gewaltigem Getöse erfüllt, heftige Böen peitschten die Baumwipfel hin und her, kleineres Geäst fiel krachend zu Boden, wo der Farn wie ein tanzender Derwisch kreiste.«[60] Die gleiche Kraft zerrte von innen an Ada und duldete es nicht, daß sie zu Hause sitzen blieb; sie griff nach Mantel und Haube und stürzte ins Freie.

Auch Stewart war an diesem stürmischen Tag unterwegs. Er kletterte den Pfad hinauf, wo er Ada verschwinden sah, und stellte ihr nach, ohne daß sie es bemerkt hätte. Gegen seinen Willen war er in den Sog einer Frau geraten, die ein ihm völlig unzugängliches Leben führte und die Ordnung und Werte seines Lebens ins Wanken brachte; sie war ihm weder ein freundlicher Spiegel noch eine Gefährtin gegen die Einsamkeit. Das schürte seine Hilflosigkeit, und seine Wut wuchs gefährlich ins Unkontrollierbare. Doch noch war er davon überzeugt, daß sein Zustand sich bessern müßte, sobald Ada wirklich seine Frau geworden wäre und er sie sexuell in Besitz genommen hätte; doch sie entzog sich ihm. So strich er heimlich um seine Frau herum wie ein wildes Tier um seine Beute.

Ohne anzuklopfen, stürzte Ada in Baines' Hütte und blieb an der Türe stehen, unfähig, noch einen weiteren Schritt zu machen. Auch Baines wußte nicht, wie es weitergehen sollte. *Die Entscheidung lag bei Ada.* »Ada, ich leide«, erklärt George, Baines seinen Standpunkt. »Ich bin krank vor Verlangen nach dir. Ich schlafe nicht. Ich esse nicht.« Und nach einer Pause: »Wenn du ohne Gefühl für mich gekommen bist, dann geh!«

Ada, hin- und hergerissen zwischen dem unruhigen Wunsch, den Kokon zu sprengen und die Flügel zu entfalten, und der älteren Sehnsucht, sich zu schützen, schlägt – da ihr die Stimme fehlt, ihrer Spannung Ausdruck zu geben mit beiden Fäusten auf Baines los. Der, fassungslos, spürt die Intensität von Adas Gefühlen, ohne ihren Ursprung zu erkennen, bis er begreift: Ada hatte sich für die Beziehung entschieden und für das, was alles an bedrohlicher Unberechenbarkeit damit verbunden sein würde.

Draußen umkreist Alisdair Stewart argwöhnisch George Baines' Hütte. Etwas sagt ihm, daß es besser sei, nicht anzuklopfen. Er hört Geräusche aus der Hütte. Durch einen Spalt sieht er George Baines und seine Ehefrau, Ada McGrath, im Liebesspiel.

In Jane Campions Film entfalten sich menschliche Nacktheit und sexuelle Lust als ein opulentes Fest, das sich dem voyeuristischen Blick entzieht. Das Liebesspiel zwischen Ada und George ist einem Musikstück oder dem Spiel von Licht und Schatten vergleichbar: Wer sich davon nicht innerlich ergreifen läßt, dem entgeht seine zauberische Schönheit. Der Zauber liegt nicht in den äußeren Formen der Körper, dazu sind sie zu wenig sexy. George Baines' Körper, nicht mehr jung, verleugnet nicht die Zeichen der Schwerkraft der zunehmenden Jahre. Das Verführerische dieser Liebesszene liegt weniger in der Ästhetik der Körper als in der ekstatischen Stimmung, der Verschmelzung von Sinnen und Seele.

Gefesselt an das Guckloch in der Wand, sieht Stewart in das verbotene Zimmer hinein, ist hypnotisiert von der strahlenden Schönheit seiner Frau und dem Schauspiel der sich liebenden Körper. Er hat so etwas noch nie gesehen und nie selbst erlebt. Die Frau in diesem Zimmer ist ihm fremd; es ist nicht seine Frau, zumindest nicht die, die er kennt.

Sie hat sein Vertrauen mißbraucht

Stewarts Kopf schwirrt. Die gedämpften Laute des Mannes und der Frau in der Hütte im Ohr, überschlagen sich seine Gedanken. Hatte er Ada nicht trotz ihrer Stummheit geheiratet? Hatte er sie nicht in sein Haus gebracht, das er in harter Arbeit aufgebaut hatte? Hatte er ihr nicht vertraut? Warum respektierte sie das nicht? Was wollte sie von ihm? Was teilte sie mit Baines, und wie kam es, daß er davon ausgeschlossen blieb? Alle diese Überlegungen brachten ihn immer wieder zum gleichen Schluß: Er hatte Ada vertraut, und sie hatte sein Vertrauen mißbraucht!

Für Blaubart wie für Stewart ist Vertrauen eine einseitige Abmachung; es ist das Vertrauen des Mächtigeren, daß der Schwächere nichts unternehmen wird, was gegen die Interessen des Machthabenden verstößt. Das Kind mißbraucht das Vertrauen des Vaters, der Schüler das Vertrauen des Lehrers, der militärisch schwächere Staat das Vertrauen des militärisch besser gerüsteten; umgekehrt wird kein Schuh daraus. Der Mißbrauch des Vertrauens, wie Stewart und Blaubart es nennen, ist Ausdruck der männlichen Kränkung, daß die Tochter weggegangen und an ihrer Stelle eine selbstbestimmte, sinnliche Frau aufgetaucht ist, die sich in eigener Entscheidung ihren Liebhaber wählt und die Türe zum verbotenen Zimmer geöffnet hat.

Es bleibt Blaubarts tiefes Leiden, daß er zwar vom erotischen Zauber des Weiblichen fasziniert ist, daß er es aber allen Anstrengungen zum Trotz nicht halten und besitzen kann. Er kennt keine anderen Formen der Beziehung als Besitznahme. Dieser verzweifelte Haß auf die Frau, deren Verständnis von Beziehung sich seinen Regeln entzieht! Irgendwann entscheidet Blaubart, sich mit Gewalt zu holen, was ihm vorenthalten wurde – und hält doch nur klägliche Stücke von dem, was er begehrte, in seinen Händen.

Die Rückkehr des Körpers

Auch Ada ist außer sich, wenn auch auf andere Weise. Die ganze Zeit hatte sie sich für einen Mißerfolg gehalten, unfähig, aus eigener Kraft zu leben, etwas zu schaffen und in der Welt zu handeln. Allein das Spiel auf dem Piano hatte sie über diese Demütigung hinweggetragen. Nun spürt sie wachsende Gleichgültigkeit gegenüber dem Instrument, das ihr alle die Jahre Schutz und Zuversicht gewährt hatte. Alle die emotionalen Energien, die im Piano wie in einer Schatztruhe eingeschlossen gewesen waren, sie strömten jetzt in ihren Körper und illuminierten ihn. Ada erlebte sich auf eine nie dagewesene Weise mächtig, als wäre sie von einem pulsierenden emotionalen Kraftfeld eingehüllt.

Ada hatte einen Tabubereich betreten und war fasziniert und erschreckt zugleich. In allen verbotenen Zimmern geht es um etwas, das von der gültigen Kultur verdrängt wurde und von ihr als bedrohlich empfunden wird. Im verbotenen Zimmer von König Blaubart wird die Frau mit ihrem individuellen Leiden an einer Zivilisation, die die sexuelle, emotionale und schöpferische Potenz der Frau weggeschlossen hat, konfrontiert. Öffnet sie diese Türe und leuchtet in das verbotene Zimmer hinein, dann erkennt sie mit Schrecken, daß sie das Tabu, das sie zerstückelte und ihrer ursprünglichen schöpferischen Ganzheit beraubte, selbst verinnerlicht hat. Sie kann keinen anklagen. Sie hat Blaubart aus eigenem Entschluß geheiratet und sich mit dem Tabu einverstanden erklärt.

Erich Neumann, dessen Lebenswerk der Erforschung der Wurzeln des weiblichen Bewußtseins galt, schrieb, daß es bei der Wiederinanspruchnahme einer weiblich definierten Sexualität sehr wohl sein könne, daß die Töchter, wenn sie sich selbst aus der Väterwelt, in die sie eingesperrt wurden, entlassen, dem Teufel begegnen. Der Teufel verkörpert in der jüdischen, in der christlichen und auch in der islamischen Überlieferung alles, was von den patriarchal monotheistischen Religionen ausgeschlossen wurde und was vom Patriarchat als unmoralisch, ungebührlich und gefährlich bezeichnet wird. Der Teufel heißt paradoxerweise auch Luzifer, Lichtbringer, und Licht war schon immer ein Synonym für Bewußtsein.[61]

Die Frau, die das verbotene Zimmer öffnet, wandert auf uralten Spuren weiblichen Ungehorsams. Das Christentum – und nicht nur es – hat richtig erkannt, daß die Frau, die nicht unterworfen und kontrolliert wurde, für jegliche Ideologie eine unzuverlässige Partnerin bleibt und ihren eigenen Wahrnehmungen und Intuitionen mehr vertrauen wird. Nur solange es gelang, das schöpferische Weibliche zu tabuisieren und die Qualitäten des inneren Geliebten der Frau zu dämonisieren, blieb die Abhängigkeit der Frau von der männlichen Autorität, die für die Welt- und Werteordnung zuständig war, gesichert. Für Blaubarts Frau ist es selbstverständlich, sich mit den Geboten und Vorschriften des Ehemannes zu identifizieren. Blaubart ist der Schatten der männlichen Gesellschaft, die, um sich selbst zu behaupten, das weibliche Geistige entwertet und die Frau in ihrer spirituellen Orientierung von sich abhängig gemacht hat.

Zum erstenmal in ihrem Leben spürte Ada keinen Zorn auf ihren Körper, der sie zu einer machtlosen Frau gemacht hatte. Statt dessen stellte sie fest, daß sie heimgekehrt war und von innen her auf die Seele ihres Körpers lauschte. Es war für sie eine außergewöhnliche Erkenntnis. Den größten Teil ihres Lebens hatte sie außerhalb ihres Körpers verbracht, ihr Wille war von ihren Gefühlen getrennt gewesen – außer wenn sie auf dem Piano spielte; in der Versenkung der Musik hatte sie sich gespürt. Ihr Ich, das an einen Körper und an ein Leben gefesselt war, hatte sie dagegen niemals als wirklich empfunden. Nun mußte sie sich entscheiden: entweder in ihren Körper zurückzukehren und ihr Leben als menschliches Wesen fortzusetzen – oder für den Rest ihres Lebens in »Cecilias« Zauberreich zu bleiben.

Kathrin I
– Der Mann mit den amputierten Händen

Notizen einer Therapie

Kathrin trug eines dieser eleganten Kostüme in feinabgestimmten Farbtönen, die aufgehängt an der Stange nach gar nichts aussehen und deren erstklassige Stoffqualität und teure Verarbeitung erst zur Geltung kommen, wenn sie von der richtigen Frau getragen werden. Es war die perfekte Verkleidung für diese nervöse, kühle sechsunddreißigjährige Frau.

Sie war mit ihrem Job als Juristin in einem öffentlichen Unternehmen nicht sehr zufrieden. Ihre erste Ehe war gescheitert, die gemeinsame fünfjährige Tochter lebte abwechslungsweise bei ihr und ihrem früheren Mann, der in der Zwischenzeit wieder geheiratet hatte.

Kathrin beschreibt sich als ein energetisches Wrack, das schon seit zwei Jahren am Rande eines Zusammenbruchs lebe. Sie kann sich nicht genau erinnern, wie alles begann. Anfänglich hielt sie es für eine vorübergehende Krise, eine Folge von Überarbeitung. Jetzt sei es so schlimm geworden, daß sie nicht mehr die Kraft habe, noch lange so weiterzumachen. Sie gebe sich allergrößte Mühe, daß keiner etwas von ihrem Zustand bemerke; wahrscheinlich wirke sie auf andere selbstbewußt und tüchtig, jedenfalls wäre das die Meinung von andern ihr gegenüber. Sobald jedoch die Türe zu ihrer Wohnung hinter ihr ins Schloß falle, stürze sie in ein schwarzes Loch und fühle nichts weiter als diese unbestimmte Leere. Sie könne sich kaum überwinden, etwas für sich zu kochen, und esse, was im Kühlschrank zu finden sei; jedes Telefonklingeln löse panische Angst in ihr aus, »als wäre am anderen Ende die Gestapo, die meine kurz bevorstehende Verhaftung ankündigt«. Sie fürchte sich bis zur Übelkeit! Die meiste Zeit lege sie sich wie gelähmt vor den Fernseher. Es sei für sie die einzige Möglichkeit, sich zu entspannen.

An den zwei Tagen der Woche, an denen ihre fünfjährige Tochter bei ihr sei, gehe es ihr etwas besser. Doch oft brülle sie das Kind wegen nichts und wieder nichts an; sie könne sich einfach nicht beherrschen. Wirklich unter Kontrolle habe sie sich nur unter Menschen, die ihr gleichgültig seien. Unter Fremden gehe es ihr verhältnismäßig gut; sie funktioniere dann völlig automatisch, ohne sich selbst zu spüren, und das könne sie nahezu euphorisch stimmen, fast, als stünde sie unter einer Droge. Es gebe keinen Menschen in ihrem Leben, dem sie nicht auf die eine oder andere Weise etwas vormache. Sie bringe es einfach nicht über sich, das perfekte Bild, das die andern von ihr hätten und das sie mit soviel Anstrengung aufgebaut habe, zu zerstören.

Der Sohn der Herrin

In der vierten Sitzung erzählt Kathrin folgenden Traum:

Ich sehe von einer Erhöhung aus einen jungen schönen Mann im Wald zwischen Bäumen bewegungslos auf einem abgesägten Baumstamm sitzen. Seine beiden Hände sind abgehackt. Es gibt kein Blut, einfach die offenen, mit einem glatten Schnitt abgehackten Armstümpfe. Ich weiß, wer das getan hat. Es ist ein mächtiger Mann, eine Art Mafiaboß, der nicht erlaubt, daß ich jemand anders liebe als ihn alleine. Ich kann mich nicht erinnern, wie dieser Mann heißt oder wie er aussieht. Ich fühle mich schrecklich schuldig und kann es kaum ertragen, den jungen Mann mit den abgeschlagenen Händen zu sehen, der bewegungslos im Wald sitzt. Alles ist doch nur meinetwegen passiert; alles ist meine Schuld.

Kathrin kann sich kein konkretes Bild des Mannes machen, der die Untat begangen hatte. Er hat weder Namen noch Gesicht. In Kathrins Fantasie überfällt er seine Opfer von hinten und würgt sie so lange, bis sie sich nicht mehr rühren können; dann verstümmelt er sie. Für den gefolterten Mann selbst vermag Kathrin kein tieferes Mitgefühl zu empfinden, zu sehr ist ihr Denken und Fühlen von Schuldzuweisungen besetzt; sie ist davon überzeugt, daß alles nur geschehen sei, um sie zu bestrafen, und sie ist ebenso davon überzeugt – auch wenn sie es nicht ausspricht –, daß sie die Strafe verdient haben muß, auch wenn sie die Gründe nicht kennt.

Ich wende ein, daß, wäre ich in diesem Fall Untersuchungsrichterin, ich den Verdacht hätte, daß sie den Täter decken wolle und heimlich mit ihm fraternisiere. Es sei ihr wahrscheinlich bekannt, daß sich Frauen, die von Männern geschlagen würden, oft schuldig fühlten. Sie seien der Meinung, sie hätten es verhindern können und hätten wissen müssen, daß die armen Männer total die Kontrolle über sich und ihre Emotionen verlieren, wenn man ihnen widerspricht. Kathrin erinnere mich stark an solche arme, hilflose, geschlagene Frauen, die, kaum tauche der Typ wieder auf, sich von ihm zum x-ten Mal abschleppen lassen und die ganze Verantwortung für die katastrophale Beziehung auf sich nehmen.

Kathrin erstarrt bei dieser Beschreibung. Zu neu und unerwartet ist es für sie, sich als jemand zu sehen, der sich als Opfer geradezu anbietet und passiv über sich bestimmen läßt. Schließlich fällt ihr dazu ein, daß sie sich ständig beschuldige und sich quäle, denn da sei immer etwas, das nicht richtig oder nicht in Ordnung sei. »Ich müßte mich einfach mehr anstrengen. Doch je mehr Mühe ich mir gebe, desto ohnmächtiger fühle ich mich. Ich weiß, es ist falsch, aber ich kann es nicht ändern.« Kathrin beginnt sich aus einem veränderten Blickwinkel zu sehen.

Ich schlage vor, in einer Imagination mit dem Mann im Wald zu sprechen. Vielleicht wisse er etwas, was sie selbst nicht wisse.

Im Verlauf der Trancephase wagt sich Kathrin in den Wald hinein zum Mann auf dem Baumstumpf. Es entwickelt sich ein Gespräch mit langen Pausen, in dessen Verlauf Kathrin erfährt, daß der Mann mit den abgehackten Händen der Hüter des gefällten Baumes sei. Der andere, mächtige Mann beanspruche diesen Baum ganz für sich; deswegen habe er ihm die Hände abgehackt, denn erst dann habe er den Baum fällen können.

Auf Kathrins Frage nach seinem Namen antwortet er: »Ich bin der Sohn der Herrin.« In dem Augenblick beginnen die Armstumpfe zu bluten, und Blut tropft auf die Erde und auf Kathrins Kleid.

Zurück aus der Trance empfindet Kathrin ein Gefühl überwältigender Liebe zu dem Mann ohne Hände. Tränen schießen ihr beim Sprechen in die Augen. »Ich sitze in meiner Wohnung wie dieser wunderschöne Mann auf seinem Baumstumpf, abgeschnitten von mir selber, ohnmächtig, ohne Empfindung für mich; ich kann, wie er, nichts für mich selber tun. Meine Hände sind abgehackt wie seine. Ich verstehe so gut, wie entsetzlich er sich fühlt. Es ist, als wäre er ein Stück von mir.«

Das vertrocknete rote Blut hatte zu pulsieren begonnen; die Gefühle von Entsetzen, Liebe und Trauer erwiesen sich als stärker als die Schuldzuweisungen. Die Unerbittlichkeit dieses Schuldspruchs unbekannter Herkunft hatte es Kathrin bis dahin unmöglich gemacht, ihrem eigenen Schmerz und ihrer tiefen Erschöpfung mit Mitgefühl zu begegnen.

Das Lösegeld

Ein Profil des Traumtäters zu erstellen, erwies sich weiterhin als unmöglich. Er blieb der Mann ohne Gesicht und ohne Namen. Auch in der Biographie von Kathrin tauchte niemand auf, der sich damit hätte verbinden lassen. Was auftauchte, war eine bei alter Freundlichkeit klar geregelte und rigide Welt ihrer Kindheit. Verhielt sich Kathrin so, wie man es von ihr erwartete, erhielt sie Anerkennung; entsprach sie nicht den Erwartungen, bekam sie die Enttäuschung, vor allem die ihrer Mutter, zu spüren. Doch wie sehr sie sich auch bemühte, sie schaffte es nie ganz, die zu sein, die sie hätte sein müssen. Kathrin beginnt zu ahnen, was das für eine unerbittliche und unpersönliche Kraft ist, die sich ihrer bewältigt hatte.

Es folgt ein weiterer Traum, in dem der »Verfolger« diffuse Form annimmt:

Ich bin in einem altertümlichen Haus von großbürgerlichem Charakter. Die Zimmer sind hoch und auch die Türen und Fenster. Irgendwie weiß ich, daß im Zimmer nebenan ein »Geist« ist. Das Zimmer, in dem ich mich aufhalte, ist hell beleuchtet, während das Geistzimmer das durch eine offene Falttüre von meinem abgetrennt ist, im Dunkeln liegt. Ich stehe auf und will auf den Geist zugehen. Er trägt einen Hut, der Rest von ihm ist so nebelhaft, daß er mit dem Raum verschwimmt. Ich bin fest entschlossen, keine Angst zu haben. Doch nach einigen Schritten habe ich nicht mehr die Kraft, aufrecht zu geben; ich fange an, auf den Knien zu rutschen, und schließlich robbe ich einfach nur noch auf dem Boden, weil ich es nicht mehr schaffe, mich überhaupt noch aufrecht zu halten. Trotzdem komme ich nicht vom Fleck. Ich weiß, daß der Geist erst geht, wenn er viertausend Franken bekommen hat. Doch ich bin nur die Haushälterin hier und habe kein eigenes Geld. Ich liege da und kann mich nicht mehr rühren. Ich warte darauf, daß die Frau des Hauses kommt, um mich auszulösen.

Sie sei durch die Panik, dieses entsetzliche Gefühl, hilflos und ausgeliefert zu sein, aus dem Traum aufgeschreckt und noch eine Zeitlang völlig starr vor Schrecken, unfähig, sich zu rühren, im Bett gelegen, erzählt Kathrin. Sie wisse auch in diesem Traum nicht, mit wem sie es zu tun habe, aber sie habe nur zu gut gefühlt, was das für eine Macht sei, die über sie bestimme.

Wenn es Kathrin im Traum auch nicht gelungen war, der Suggestion des Traumgeistes mit dem Hut zu widerstehen, so hat sich doch ihre Einsicht in ihr eigenes Leiden vertieft. Kathrin sieht sich selbst als jemanden, der einmal mit wütender Rebellion und dann wieder in sklavischer Ergebenheit an den »Geist mit Hut« gefesselt ist. Sie ziehe innerlich den Hut vor allem, was intellektuelle Kompetenz und geistige Autorität verkörpere. »Männer imponieren mir in der Regel mehr als Frauen. Es ist ihre Anerkennung, die für mich wirklich zählt; von ihnen nicht akzeptiert zu werden, verunsichert mich zutiefst. Anerkennung von Frauen hat etwas Zweitklassiges, ganz angenehm, aber nicht wirklich von Bedeutung. Ich halte Männer für vertrauenswürdiger, wenn es um Kompetenz und Autorität geht.«

»Und wie ist es mit Ihrer eigenen Kompetenz und Autorität?« hake ich nach. Kathrin schneidet eine Grimasse: »Ich trete zwar auf wie jemand, der kompetent ist, aber eigentlich wundere ich mich, daß alle darauf hereinfallen. Im Grunde bin ich eine Täuscherin und ein Niemand.«

Zum erstenmal kann sie sich vorstellen, was es sie gekostet hat und immer noch kostet, »sich dem Geist zu unterwerfen«, sich ständig mit aller Kraft zu bemühen, brillant, diszipliniert und effizient zu sein. Es ist mehr, als sie bezahlen kann. »Dieser Geist will viertausend Franken; vorher geht er nicht«, sagt Kathrin. »In Wirklichkeit will er meine Seele, mit weniger gibt er sich nicht zufrieden. Es ist zwar mein Haus, aber in Wirklichkeit bin ich seine Leibeigene, Haushälterin ohne eigenes Vermögen und ohne Kompetenz.«

Kathrin erlebt sich im Bild dieses Traumes als eine Frau, die, wie emanzipiert sie sich selbst auch immer sieht, sich ständig an der Krücke der Anerkennung durch den männlichen Geist festhält. Es ist ein Moment schmerzlichen Erkennens, in dem sich Kathrin eingestehen muß, daß sie, die sich für eine selbständige, unabhängige Frau hält, vor einem fremden Geist auf den Knien rutscht und am

Boden kriecht, der ihr nicht den kleinsten Kredit gibt. Es ist ein Augenblick niederschmetternder, ernüchternder Intensität, in dem sie die Realität sieht, wie sie wirklich ist, und sich eingesteht, daß der einzige Wert, den sie für diesen Geist hat, darin besteht, daß sie ihm gibt, was er von ihr verlangt. Sie selbst hat in seinen Augen keinen eigenen Wert und keine persönliche Bedeutung.

Ada McGrath VI
– Blaubarts Rückkehr

Ada verließ, ohne Flora beim Spielen zu stören, das Haus und lief den Pfad zu Georges Hütte entlang. Da steht plötzlich Alisdair Stewart vor ihr und zieht sie gewaltsam an sich, um sie mit grimmiger Leidenschaft zu küssen. Ada entwindet sich, ohne daß es ihr gelingt, ihm zu entkommen. Stewart zerrt gnadenlos an ihr, wirft sie auf den Boden, drückt sie mit seinem Körper in die Blätter und in den Schlamm, zwängt seine Hand zwischen ihre Beine und zerrt an ihrer Unterwäsche. »Mama«, ruft Flora von weitem. Die Ankunft der Tochter rettet Ada noch einmal. Stewart rückt ab, und Ada sammelt sich, streicht mit zitternden Händen Kleider und Haare glatt. Zu Hause angekommen, beginnt Stewart die Fenster seines Hauses mit Brettern zu vernageln, um seine Frau darin einzusperren, drei Tage und drei Nächte lang.

Ada hatte begriffen, daß Stewart alles wußte und sie nun seine Macht und seine Empörung spüren ließ, in der festen Überzeugung, daß ihr dies einen genügend großen Schrecken einjagen würde, um ihr und ihm das Schlimmste zu ersparen.

Das zugenagelte, verdunkelte Haus entspricht dem Bild der Höhle, die für den Menschen seit alters her ein Ort der Wandlung war. »Wem es geschieht, daß er in jene Höhle, das heißt in die Höhle, die jeder in sich trägt, oder in jene Dunkelheit, die hinter seinem Bewußtsein liegt, gerät, der wird in einen zunächst unbewußten Wandlungsprozeß verwickelt«, schreibt Jung[62]. Ada wandelt im Schlaf, setzt sich ans Piano und bringt verworren seltsame Klänge hervor, jenseits aller vertrauten Harmonien und Klänge; ihre Hände finden die Tasten so sicher, als würde sie sehen. Es ist Ada, als müßte sie sterben; und ist es nicht eine Form des Sterbens, sich in eine

Dimension seiner selbst, die einem bis dahin unbekannt war, vorzuwagen?

Die *heroische Tat* der Selbstfindung beginnt, wenn alle Meinungen, Erwartungen und allgemeinen Tugenden uns im Stich lassen, wenn wir nicht mehr wissen, welcher Weg aus der Katastrophe hinaus- und welcher noch tiefer in sie hineinführt. Eine solche innere Expedition ans Ende der Landkarte setzt voraus, daß wir uns auf unsere instinktive Basis und unsere Empfindungen verlassen können. Der Prozeß der Individuation gleicht der Begegnung mit der Göttin der Tiefe, die keinen gutgemeinten Kompromiß und keine moralischen Maximen anstelle der vollständigen Wahrheit akzeptiert und die uns herausfordert, tastend und suchend um unseren individuellen, authentischen Standpunkt zu ringen.

Es waren nicht alleine die ekstatischen Momente der Liebe oder der heroischen Vision, die Adas inneres Feuer der Wandlung unterhielten. Es war eher so, daß ihre Psyche von der Kraft der ekstatischen Erfahrung zehrte, die sie gekostet hatte, um die Phasen der Depression, der Verzweiflung und der Angst durchzustehen. Ada konnte das Geheimnis ihres persönlichen Wesens, das sie in der Begegnung mit Baines entdeckt hatte, nicht mehr negieren aber ebensowenig entging sie ihren realen existenziellen Grenzen. In den drei Tagen und Nächten, die Ada in ihrer »Höhle« verbrachte, quälte sie sich zwischen der Absolutheit der ekstatischen Liebeserfahrung und den rigiden Grenzen ihrer konventionellen Realität, in der sie die Frau von Alisdair Stewart war, in der sie zusammen mit ihrer Tochter in seinem Hause wohnte und in der ihr Ehemann entschlossen auf seine Rechte pochte. Baines war weit weg, wie auf einem anderen Stern, und konnte ihr in diesem Prozeß der Selbstfindung nicht helfen; und doch hatte Ada so viel von der Fähigkeit des »Going-between« absorbiert, daß sie, ohne darüber nachzudenken, das weiterführte, was sie mit Baines eingeübt hatte: Widersprüche nicht zu verleugnen, mit sich selbst und der Angst zu verhandeln, nicht aufzugeben, auch wenn es aussichtslos erscheint. Diese Haltung half ihr, standzuhalten, ihren Verstand nicht zu verlieren und den Weg im Dunkeln auf ein noch unbekanntes Ziel hin zu finden.

Das mag sehr theoretisch klingen. Doch jeder, der wie Ada an den Punkt kommt, wo er sich nur noch auf seine innerste Instanz verlassen kann, der weiß, daß es eine handfeste Realität ist und daß es nicht das bekannte Ich und dessen Wissen ist, das über den Abgrund hinwegträgt. Das heißt nicht, daß das Ich nicht gefordert wäre; es erfordert Ehrlichkeit, Demut, Humor, Distanziertheit und vor allem die Fähigkeit, die Ungewißheit zu ertragen, die sich einstellt, wenn man gezwungen ist, seine bisherigen Positionen aufzugeben, gewohnte Projektionen zurückzunehmen, zu seiner eigenen Wahrheit zu stehen und sich den daraus ergebenden Konsequenzen zu stellen.

Ein Teil von Ada wich zurück und wünschte sich nichts sehnlicher, als daß alles so bliebe, wie es einmal gewesen war. Ein anderer Teil jedoch steuerte unaufhaltsam auf die kommenden Schrecken zu. Angekommen an einem Ort in ihr selbst, wo keine Wegweiser ihr sagen konnten, was falsch und was richtig sei, umkreiste und prüfte sie Stück für Stück ihrer alten Vorstellungen und kam mit der Realität ihres innersten Zentrums in Kontakt: Sie wurde als Individuum geboren.

Kathrin II
– Die Verpuppung

Der erbarmungslose Kampf zwischen »Verfolger-Ich« und »Opfer-Ich«, der in Kathrins Psyche tobte, erlaubte es ihr nicht – auch wenn ihr die psychischen Muster hinter ihrer Verzweiflung bewußt geworden waren –, sich zu entscheiden. Der »Verfolger« hielt seinen mächtigen Einfluß über sie ungebrochen aufrecht, ohne sich durch ihr »Opfer-Ich« auf irgendeine Weise beeinflussen oder gar kontrollieren zu lassen. Das Geheimnis seiner Macht über Kathrin beruhte darin, daß er nicht nur quälerisch, zerstückelnd und verurteilend war, sondern außerdem eine verführerische Figur, die mit täuschenden Versprechungen Kathrin zu immer neuen Anstrengungen verleitete, sie mit immer neuen Ködern lockte, dem idealen Bild ihrer selbst – mit genau jenen Qualitäten, die für sie unerreichbar waren – zu entsprechen, um endlich und für alle Zeit von ihrem chronischen Gefühl des Ungenügens erlöst zu sein.

Diese Spirale von Unterwerfung, Dominanz und Desintegration untergrub Kathrins Lebensfreude und Lebensfähigkeit. Kathrins unterwürfiges Opfer-Ich, das sich am Boden windet, bedurfte dringend der Unterstützung einer dritten Kraft, die das zu leisten vermochte, was Kathrin unmöglich erschien, nämlich den »Verfolger« in seine Schranken zu weisen. Bevor dies geschehen war, konnte der Prozeß der Heilung des gespaltenen Selbst nicht einsetzen.[63]

Diese mögliche dritte Kraft hatte sich in Kathrins Träumen bereits angemeldet. Im ersten Traum nannte sich der junge Mann, der das gelähmte und zerstückelte Opfer der psychischen Spaltung geworden war, »Sohn der Herrin«. Im zweiten Traum sollte die Herrin selbst zurückkehren, um ihre am Boden zerschmetterte Haushälterin auszulösen, die selbst nicht über genügend eigenes Vermögen verfügte, um sich loszukaufen. Wer war diese Herrin, die einerseits selbst Geschädigte der eskalierenden inneren Gewalt war und andererseits über die Ressourcen verfügte, die Kathrins Opfer-Ich auslösen könnten? In den Träumen von Kathrin erscheint sie als ein fernes Versprechen, von dem man vorläufig noch nicht weiß, wie und wann es sich, wenn überhaupt, einlösen wird.

Kathrins Assoziation zu dem Teil von ihr, der sich im Traum ohnmächtig am Boden windet, ist eine sich mühselig vorwärts bewegende Raupe. Ich schlage Kathrin ein imaginäres Wandlungsritual vor, in dem ihr Raupen-Ich sich zu einem Kokon einspinne, um sich zu verpuppen und zu verwandeln. Eine Raupe weiß instinktiv, wie ein solcher Wandlungsprozeß vor sich geht; für die menschliche Psyche ist es etwas komplizierter; außerdem fehlen uns die Regeln dieser Rituale. Männliche Initiationsriten haben bei uns immer noch Gültigkeit, wenn sie auch etwas anders aussehen als in den alten Stammesgesellschaften und auch nicht mehr unbedingt von Studentenverbindungen und militärischen Gesellschaften, den klassischen Geheimbünden des weißen Mannes, verwaltet werden. Durch männliche Initiationsrituale werden Jungen zu erwachsenen Männern, die Verantwortung übernehmen können und größere Macht erhalten. Weibliche Initiationsriten hingegen sind aus unserer Gesellschaft weitgehend verschwunden und halten nur zaghaft wieder Einzug. Ihre Bedeutung ist eine andere als die der männlichen Riten; es geht nicht um hierarchische Besserstellung, auch nicht um Einbindung in den gesellschaftlichen Ehrenkodex. Eine Frau wird durch die Initiation nicht mächtiger oder angesehener, wie dies die Bedeutung männlicher Initiationsrituale ist, sondern sie wird kreativer, lebendiger, mehr mit sich selbst, mit der Welt und dem Leben ringsum verbunden.

Auf jeder Lebensstufe müssen wir bestimmte essentielle Erfahrungen machen, bestimmte Wahrheiten über uns und die Welt verstehen lernen und bestimmte Anpassungen an die sich wandelnden Lebensformen vollziehen: vom Baby zum Mädchen, zur jungen

Frau, zur schöpferischen Frau, zur weisen Alten, zur Sterbenden. Durch das Wegfallen weiblicher Initiationsrituale finden solche instinktaufbauende Ereignisse, die uns auf die veränderte Lebenssituation vorbereiten, fast nicht mehr statt. Wir erlernen Muster und Verhaltensweisen, die uns zwar jede Menge Wissen über die Welt und wie sie funktioniert vermitteln; doch das ist kein Ersatz für die Initiationen, die uns mit dem weiblichen Selbst verankern und uns in unserer Einzigartigkeit vollständig machen.

Kathrin braucht Bedenkzeit. Noch ist es ihr nicht möglich, das Idealbild ihrer selbst, mit dem der »Verfolger« sie an sich bindet, gänzlich aufzugeben. Etwas in ihr wehrt sich und ist weiterhin überzeugt, daß ihre ideale Vorstellung von sich selbst das einzige sei, was ihrem Leben Bedeutung gäbe – wenn es ihr nur erst gelänge, diesem Idealbild zu entsprechen.

Orgeluse V
– Das Finden der Mitte

Die vierte Stufe der Initiation

Gâwân mußte eingeschlafen sein, denn es begann schon zu dämmern, als er durch das Klatschen der Fähre geweckt wurde. Er gab dem Fährmann Lohn und ließ sich von ihm an das andere Ufer des Flusses übersetzen.

Als die Fähre anlegte und Gâwân zum Haus des Fährmanns hinaufstieg, wo er über Nacht bleiben wollte, war es bereits finster geworden. Vor dem Einschlafen fiel sein Blick noch einmal durchs Fenster, hinter dem in der Ferne der Wald aufstieg. Darüber stand ein heller Stern, der manchmal etwas flackerte. Nachdem seine Augen sich an die Dunkelheit gewöhnt hatten, sah Gâwân noch etwas anderes: Über den Bäumen zeichneten sich die Zinnen einer Burg gegen den Himmel ab, und aus dem Stern wurde ein weißschimmerndes Licht im obersten Zimmer des Turms. Es war, als würde das Licht der Sterne von einem mächtigen Spiegel reflektiert. Gâwân wunderte sich und schlief darüber ein.

In Sagen und Märchen bilden Flüsse Übergänge von der Welt des Konkreten in die Welt der schöpferischen Imagination und umgekehrt. Über den Fluß Plimizöl kam Cundry, die Wächterin des Grals und für Unbefugte schreckenerregend, und stahl den Rittern ihren Schlaf der Selbstgerechtigkeit. Mythen erzählen uns, Tote müßten einen Fluß überqueren, um in das Land zu kommen, wo ihre Seele wohnt. Wie Gâwân mit Hilfe des Fährmanns übersetzte, wechselte er von der Sphäre irdischer Abenteuer in den Bereich imaginärer Welten, psychischer Prozesse und fantastischer Bilder. Um die Bilder von jenseits des Flusses, die uns im Schlaf, in der Meditation oder in der schöpferischen Ekstase erreichen, zu begreifen, gilt es, ihre Fremdheit vorerst zu ertragen und die möglichen Ängste, die ihr Anderssein auslöst, auszuhalten, den scheinbar irrwitzigen Abläufen respektvoll zu begegnen. Seelenbilder wollen wirken, ehe sie erklärt werden.

In der psychischen Realität auf der anderen Seite des Flusses wird der »Geliebte der Göttin« zum Seelenführer der Frau, der sie durch die unzähligen Räume, die sich drehenden Treppen und verwinkelten Gänge der *Anderswelt* führt. Er ist dort, wo das Ich zögernder Gast ist, in heimatlichen Gefilden. (Umgekehrt gilt dasselbe. In der männlichen Traumwelt übernimmt die weibliche Seite des Mannes die Führung. Berühmtestes Beispiel dafür ist Beatrice, die Dante sicher durch die inneren Bilder seiner Hölle und seines Himmels führte.)

Wie Gâwân, im Auftrag von Orgeluse auf der Suche nach dem geheimnisvollen Schloß, im Land auf der anderen Seite des Flusses aufwachte, begann es schon leise zu dämmern. Der Himmel war grün und silbern, und dünner Nebel lag über dem Fluß. Das Schloß war im frühen Morgenlicht klar und deutlich zu sehen. Es erhob sich hoch über den Baumkronen, vier Türme mit glänzendem Dach, ein gewaltiger Bergfried. Da wäre weiter nichts Merkwürdiges daran, außer – an jedem der Fenster stand eine Frau und schaute hinaus; es waren junge und alte Frauen, manchmal fast noch Kinder; schöne Frauen und unauffällige; hochgewachsene, schlanke und rundliche. Alle standen sie bewegungslos und stumm. Gâwân konnte die Zahl der Frauen nicht zählen, so viele waren es. Erst wie die Sonne den Horizont überschritt, löste sich der Spuk auf, und die Fenster des Schlosses standen nun dunkel und leer.

Gâwân drängt den Fährmann, ihm das Unerklärliche zu erklären, das er im Zwielicht des Morgens gesehen hatte. Der weigert sich erst, ringt die Hände und sagt: »Um Gottes willen, frägt das nicht, das ist *Not ob aller Not*.« Doch Gâwân will Antwort haben. Schließlich überwindet sich der Fährmann und erklärt:

»Ihr seid in Terre Merveille,
und hier ist das Lit Merveille.
Noch keiner wagte es bisher,
Château Merveille herauszufordern.«[64]

Gâwân hatte gefunden, was er suchte: Schastelmarveille![65]

Der Boden stieg allmählich an, wie Gâwân eine lange Zeit auf pfadlosem Gelände vorwärts ritt. Schlingpflanzen hingen gleich einem dichten grünen Vorhang hernieder, und für eine Weile ritt Gâwân ohne Sicht, bis sich überraschend der grüne Vorhang öffnete. Er stand vor dem offenen Tor einer mächtigen Burg; weit und breit waren keine Wächter zu sehen. Gâwân band Gringuljete im Dickicht an einen Baum, packte seinen Schild, zog sein Schwert und rannte mit schnellen Schritten, im Schatten der mächtigen Mauern, durch das offene Tor in den Burghof hinein. Die Sonne stand hoch am Himmel, und ein grelles Blitzen zwang ihn, für einen Moment die Augen zu schließen. Der Blitz mußte vom Bergfried herabgekommen sein; wie Gâwân näher hinschaute, glaubte er einen riesigen Kristall zu erkennen, in dem sich das Sonnenlicht brach.

Drinnen war es um so dunkler, und er stolperte über eine Wendeltreppe, die er, vorsichtig Schritt an Schritt setzend, hin aufstieg; kein Laut war zu hören. Die Treppe endete in einen langen Gang. Im schwachen Licht einiger Mauerluken konnte Gâwân zahlreiche Türen entdecken. Die letzte, kaum näherte er sich, sprang wie von selbst auf und eröffnete den Blick auf einen seltsamen Raum. Einlegearbeiten aus Jaspis, Chrysolith, und Sardin durchzogen in wundervoll verschlungenen Mustern einen spiegelglatten Fußboden; die Muster wiederholten sich in wechselnden Verbindungen und zogen Gâwân so in Bann, daß sich der Raum vor seinen Augen zu drehen begann und er seinen starr gewordenen Blick erschrocken löste.

Jetzt erst bemerkt er das Bett, in der Mitte des Raumes stehend, reich ausgestattet mit Decken, Polstern und Kissen, mit kugelförmigen Füßen aus leuchtendroten geschliffenen Rubinen, die im einfallenden Licht strahlen und blitzen. Gâwân, verwirrt durch die Empfindungen, die Raum und Bett in ihm auslösen, wünscht sich in Ruhe seine Lage zu überdenken und nähert sich dem Bett, um sich darauf niederzusetzen. Kaum in der Nähe, setzt sich dieses jedoch mit einem Ruck in Bewegung, rast in die entfernteste Ecke und weiter kreuz und quer durch den Raum. Am Ende des erstaunlichen Treibens rollt das Gefährt schließlich langsam wieder an seine alte Stelle zurück. Gâwân wartet ab, bis es dicht an ihm vorbeizieht, tut einen raschen Sprung und landet sicher in der Mitte des Bettes – da reut es ihn schon. Das teuflische Ding beginnt erneut im Raum zu kreuzen. Wie diese Karussellfahrt in immer rascheren Tempi nicht enden will, sich dreht und wendet, geht Gâwân ein Licht auf: Er selbst, seine eigene Unruhe, verdoppelt und verzehnfacht, hält das »gefährliche Bett« in Bewegung. Wie es ihm nach und nach gelingt, seinen inneren Aufruhr loszulassen und die Fahrt ohne Aufregung über sich ergehen zu lassen, da beruhigt sich zusammen mit ihm auch das Bett; dessen Bewegungen werden gemächlicher, und endlich bleibt es in der Mitte des Raumes stehen. Es wird still.

Im Bild des *lit marveille* – so nennt der Mythos vom Gral das »gefährliche Bett« von Schastelmarveille – lassen sich alte Spuren europäischer spiritueller Traditionen erkennen. Der Sitz auf dem »gefährlichen Bett« hat in der Literatur des Troubadours der Frührenaissance höchsten Stellenwert. In der Tristandichtung beschreibt Gottfried von Strassbourg ein *kristallenes Bett*, das zu besteigen nahezu unmöglich sei. Wem es gelingt, sagt Gottfried von Strassbourg, ein solches Bett zu besteigen, der findet sein eigenes wahres Wesen, das über den Tag hinaus Gültigkeit hat.[66]

In unserer Geschichte sind es die rollenden Füße des wunderbaren Bettes, die es so schwierig machen, es zu besteigen; sie sind aus leuchtendroten, geschliffenen Rubinen.[67] Rot ist die Farbe der Lebensbewegung, der aufschießenden Energie und der leidenschaftlichen Hingabe. Im Yoga des Ostens ist das leuchtende Rubinrot die Farbe des Muladhara-Chakras am Ende des Steißbeins, in dem die *Schlange der Weisheit*[68] zusammengerollt schläft und träumt. Der Yoga geht davon aus, daß in jedem einzelnen Menschen die *Schlange der Weisheit* schläft und auf den Tag wartet, da der Mensch ernstlich versucht, das wunderbare Bett zu besteigen. Die weise Schlange wird Kundalini genannt (*Kundala* bedeutet zusammengerollt). Erwacht sie, beginnt sie sich zu entrollen und steigt, Stufe für Stufe, die Wirbelsäule empor, vom Genitalbereich über das Herz zum Stirnzentrum, und verbindet und befruchtet alle Lebensbereiche, versorgt sie mit Energie, regt Entwicklung an und fließt wieder in ihre Ausgangsposition zurück. Das nach oben ausstrahlende Licht der Schlangenenergie bleibt mit der Erde verbunden, Ausdruck der ungetrennten Ganzheit von Erde und Himmel, von Körper und Geist.

Mit der Weisheit der Schlange verbunden zu sein und sie ins Leben hineinzubringen, war immer vorwiegend die Aufgabe des Weiblichen. Marc Chagall hat in seinen Bildern die Frau oft mit dem Kopf nach unten dargestellt und drückt damit intuitiv aus, daß Frauen ihr Wissen aus der eigenen Tiefe heraufholen, selbst wenn es sie keiner gelehrt hatte, wie das zu tun sei. Weibliche Spiritualität ist der Schlange und ihrer komplexen, ganzheitlichen Erlebnisweise viel näher als der reinen Logik. Nicht daß der Mann von der Weisheit der Schlange ausgeschlossen wäre – wie hätte Chagall denn sonst diese Bilder malen können! Doch es setzt voraus, daß er einen Reifungsprozeß seiner weiblichen Funktionen zuläßt. Ohne reife Emotionalität und Intuition gelingt das Erwachen der Schlangenweisheit weder der Frau noch dem Mann.

Ein weiteres Element des geheimnisvollen Zimmers ist der kunstvolle Boden, auf dem das Bett steht. Er symbolisiert die Zeit, in der Leben und Geist sich zu immer gleichen und doch neuen Mustern entfalten. Versucht man, wie Gâwân, diese Muster zu entwirren, beginnt sich einem der Kopf zu drehen. Das Geheimnis des

Lebens offenbart sich dem Verstand, der als distanzierter Beobachter von oben und außen ergründet, nie ganz. Es gilt vielmehr, sich ein Herz zu fassen, das Leben zu riskieren und die irrwitzige Karussellfahrt mit ihren Aufregungen und Ängsten auf sich zu nehmen. Das ist zumindest anfänglich ein ziemlich riskantes, schmerzliches und unübersehbares Unternehmen.

Da wir uns angewöhnt haben, unaufhörlich zu planen und zu bewerten, wird das »Anhalten« des *lit marveille* zu einer äußerst erstaunlichen Erfahrung. Von den Eskimos wissen wir, daß sie, um ein solches Anhalten zu bewirken, stundenlang einem Stein Kreise auf einem anderen, größeren Stein ziehen, bis ihr eigenes Kreisen an ein Ende kommt. Indianer starren stundenlang in fließendes Gewässer. Das Ausharren in der Visionsgrube in der schamanistischen Tradition oder das Zazen des Zen-Buddhismus hat das gleiche Ziel, das eigentlich kein Ziel ist; denn dieses »Kreisen, Starren und Sitzen« will die zielorientierten Mechanismen des Gehirns ins Leere laufen lassen. Normalerweise sind wir uns dieser automatischen Reflexe nicht bewußt, die alle unsere Gedanken, Worte und Taten automatisch in einen sich selbst bestätigenden Regelkreis von Wahrnehmungsmustern einbinden. Wird jedoch durch das »Anhalten« dieser Regelkreis für eine auch noch so kurze Zeit unterbrochen, schweben Wahrnehmen und Denken in einem unbesetzten schöpferischen Raum – eine neue Welt tut sich auf.

Ein solches »Anhalten« läßt sich nicht zielgerichtet erreichen, und ein stundenlanges rituelles Sitzen, Kreisen und Starren überfordert in der Regel den westlichen extravertierten Menschen. Doch ist zu bedenken, daß selbst alltägliche Handlungen schon an diese Erfahrung heranführen können. Wenn immer wir selbstvergessen handeln, etwas um seiner selbst willen tun und nicht weil wir damit etwas erreichen wollen, intensiv zuhören oder uns lustvoll körperlich betätigen, kommt ein Anflug jenes geheimnisvollen inneren Schweigens, und das »gefährliche Bett« hält an. Auch Fasten, wenn es erforschend und nicht im Geist der

Weltüberwindung und der Kasteiung des Körpers geschieht, kann an eine Grenze heranführen, wo die Sinne sich intensiver entfalten und die Welt durchsichtig und schimmernd wird. Weibliche Spiritualität!

Der weibliche Pfad der Erleuchtung

Die Zeit, als Gâwân Schastelmarveille betrat, war zwölf Uhr mittags, die Stunde, da die Sonne keinen Schatten wirft und die Welt schläfrig vor sich hindöst. In den überlieferten Traditionen ist es die Zeit, da es am leichtesten gelingt, das, was in die Dunkelheit verbannt ist, ins Leben zurückzuholen.[69]

Auf den ersten drei Stufen der Initiationsriten in die weibliche Spiritualität ging es darum, Ichstärke zu entwickeln, Beziehung zum Körper und zur Sexualität zu spüren und persönliche Integrität zu gewinnen. Auf der vierten Stufe geht es um das *Finden der Mitte* mit Hilfe der absichtslosen Wahrnehmung.

Nun hat die absichtslose Wahrnehmung in der christlichen Literatur keinen hohen Stellenwert. Asketische Leistungen, Konzentration auf das eine Ziel und der Rückzug aus den »Versuchungen des Lebens« und den noch bedrohlicheren »Attacken des Fleisches« stehen im Mittelpunkt christlicher Exerzitien; Ambitionen, zu denen Frauen, aufgrund ihrer scheinbaren spirituellen Minderwertigkeit, ihrer Emotionalität und ihrer heimlichen Bereitschaft, sich von der Schlange verführen zu lassen, weit weniger die notwendige Willenskraft aufzubringen bereit sind; vor allem aber fehlt ihnen der aggressivere männliche Sinn, *es sich zu beweisen*, der sich in einer solchen Haltung auch ausdrückt – es ist nicht ihr Weg!

Gâwân erscheint in den Ereignissen auf Schastelmarveille als männliche Seite der Frau, mit deren Hilfe es ihr gelingt, sich ihrer eigenen spirituellen Qualitäten bewußt zu werden. Das bedeutet nichts anderes, als daß der alten väterlichen Verwünschung, daß

Feindschaft herrsche zwischen dem Wissen der Schlange und der Frau, ein Ende gesetzt wird. Verwünschung bedeutet, daß etwas nicht mehr gelebt werden darf, das wesentlich zum Leben mit dazugehört. Auf Schastelmarveille ist es zwar kein Gott, der die Frauen verwünscht hat, aber immerhin der mächtigste christliche Ritter, was fast auf das gleiche herauskommt. Daß Orgeluse sich seinen männlichen Vorstellungen und Wünschen widersetzte und sich auf ihr eigenes Wissen berief, das schien ihm unchristlich genug, um die keimende Rebellion flächendeckend niederzuschlagen. Zu diesem Zwecke holte er sich einen mächtigen Zauberer aus dem Osten ins Land[70] und übertrug ihm, den weiblichen Pfad der Spiritualität so zu diskriminieren, daß die Frauen es zu keiner Zeit mehr wagen würden, nach ihm zu suchen.

Dieser Zauberer wird in der Gralssage Klinschor[71] genannt. Er tritt nie persönlich in Erscheinung, ist eine Art kollektive Haltung, ein Gerücht, ein Lächerlichmachen von weiblichem Witz und weiblicher Intuition, die schließlich nichts als Launen seien, eines Mannes unwürdig; er ist Projektion männlicher sexueller Gelüste auf die Frau, um sie hinterher um so sicherer unsittlicher Sinnlichkeit zu überführen. Klinschors Zauberwaffe ist das Wort, das, heimlich ins Ohr geträufelt, sich entzieht, wenn man es zu greifen versucht; zurück bleibt ein Gefühl der Lähmung, die Erfahrung der *Verwünschung*.

Mit dem Eintritt Gâwâns in Schastelmarveille verschwindet Klinschor aus dem Schloß, aber nicht aus der Welt. So wird auch Gâwân nicht als Held in die Geschichte eingehen, obwohl er als einziger der Ritter der Tafelrunde den Ruf der Gralshüterin hörte und ihm folgte, obwohl mit seiner Hilfe das verwunschene weibliche Wissen in die Welt zurückkam und damit der Weg zum Gral geöffnet wurde. Doch gerade dies, daß er auf die weibliche Stimme hörte und damit dem Wissen der Schlange folgte, machte ihn zum geächteten Ritter, über den man nicht sprechen durfte, es sei denn heimlich. Er wurde zum Antihelden und Antipoden des christlichen

Helden Parzival, der die klassischideale männliche Haltung verkörperte, die sich mit dem Weiblichen immer nur episodenhaft einläßt und sich der Ganzheit des Lebens entzieht.

Eine moderne Parallele zu den spirituellen Traditionen des weiblichen Wissens, wie sie in den Geschichten um Schastelmarveille aufschimmern, findet sich in der spirituellen Biographie der Zisterzienserin Bernadette Roberts[72]. Nachdem sie den ersten Teil ihres erwachsenen Lebens in einem Konvent verbracht hatte, verließ sie ihn, ohne auf ein spirituelles Leben zu verzichten; sie begann ein »gewöhnliches« Leben zu führen, da ihr inneres Gefühl ihr sagte, daß sie das, was sie suchte, unter dem Druck des Lebens sicherer finden würde als im Rückzug vor dem Leben. Nachfolgend ein Auszug aus ihren Notizen[73], die eine moderne Form einer Beschreibung des *lit marveille* sind:

»*Ursprünglich fand sich dieser Friede nur im innersten Zentrum; … an der Oberfläche trieben Gedanken und Emotionen sich wild herum; unfähig in die ruhende Mitte einzutreten, waren sie auf ein Objekt angewiesen, an dem sie sich festhalten konnten. Ihre unaufhörliche Bewegung war beunruhigend und quälend; sie zogen die Aufmerksamkeit weg vom Zentrum. Es war offensichtlich, nichts war so, wie es sein sollte; das Haus war in sich selbst geteilt …*
Der Schlüssel ist, an der inneren Stille festzuhalten, auch wenn sie für immer verloren scheint. Das Zentrum, einmal aktiviert, funktioniert wie ein Magnet, der nach und nach alles an sich zieht, alle die aufschießenden und herumtreibenden Bewegungen des Verstandes und der Gefühle, der alten und neuen Vorstellungen und Erwartungen. Dies geschieht, indem wir uns diesen Bewegungen gegenüber passiv verhalten, uns weder positiv noch abwehrend in sie involvieren, denn sobald wir das tun, fallen wir aus dem Zentrum heraus und hinein in die Rauferei. Indem wir uns passiv verhalten, lernen wir die Fertigkeit, uns gegenüber unseren Gedanken und Gefühlen objektiv zu verhalten.«

Es geht in diesem Text weiblicher Spiritualität weder um die Überwindung noch um das Besiegen des Bösen, sondern um Aussöhnung und um Vereinigung der Gegensätze. Eine solche Haltung erlöst am Ende von aller Einseitigkeit und den damit verbundenen Ängsten, Inflationen und Verteufelungen; es entsteht eine Reife des Gleichgewichts. Weibliche Spiritualität beweist sich weder in heroischer Askese noch in der idealistischen Verachtung des »gewöhnlichen Lebens«, sondern durch Geduld, Ehrlichkeit und Unerschrockenheit, durch eine Spiritualität des gelebten Lebens, des Aushaltens der vollständigen Wahrheit und des *Mitgefühls für alle Aspekte des Seins.*

Kathrin III
– Die Vätertochter

In den folgenden Wochen packte Kathrin erst einmal die Wut und
später die Trauer über ihre gescheiterte Ehe. Es wurde ihr klar, daß
sich ihr Zustand kurz nach der Scheidung massiv zu verschlechtern
begonnen hatte. In dem Maße, wie sie Distanz zu den vordergrün-
digen Vorwürfen und Schuldzuweisungen ihrem früheren Partner
gegenüber fand, näherte sie sich der Wurzel ihres inneren Terrors:
ihrer Unfähigkeit, sich emotional selbst zu versorgen. Es gab zur
Zeit in ihrem Leben niemanden, der ihr nahe genug war, um zwischen ihrem geängstigten Ich und dem Terror, der in ihr tobte, zu
vermitteln. Nicht daß sie ihren ehemaligen Partner sehr vermißte;
doch nach seinem Weggehen hatte sie die Empfindung für sich
selbst in einem – selbst für sie – erschreckenden Ausmaß verloren.
Die Bedeutung des Partners hatte vor allem darin bestanden, sie
emotional zu wärmen; er versah die Funktion eines »Kuscheltiers«
im Dunkel der Nacht; der physische Kontakt, der Geruch seines
Körpers, die Wärme seiner Haut, das Timbre seiner Stimme hatten sie entspannt, taten wohl. Nach und nach verstand Kathrin ihre
nörgelnde Unzufriedenheit als Ausdruck einer seelischen Bedürf-
tigkeit, die zu verstehen oder gar darauf einzugehen für ihren
Mann kaum möglich gewesen war. Daß dieser sehnsüchtige, quen-
gelnde Teil nicht in eine Frau-Mann-Beziehung hineingehörte und
empfindlich gestört hatte, konnte Kathrin einsehen – doch wo
sollte sie ihn denn sonst unterbringen?

Kathrins Mutter war mitenttäuscht, daß es ihrer Tochter nicht
gelungen war, ihre Ehe zu einem Erfolg zu machen und eine Familie aufzubauen. Sie machte keinen Hehl über ihre Zweifel die Karriere ihrer Tochter betreffend und schien unfähig oder unwillig,
Kathrins Anstrengungen zu würdigen, ein unabhängiges, erfolg-

reiches Leben aufzubauen. Wenn immer Kathrin in einer Phase der Entmutigung sich an ihre Mutter wandte in der Hoffnung, Trost und Unterstützung zu erhalten, wurde sie enttäuscht; was sie zu hören bekam, waren gutgemeinte Ratschläge, die ihr das Gefühl gaben, ihre Mutter höre ihr nicht wirklich zu und nehme sie nicht ernst. Trotzdem konnte es Kathrin nicht lassen, an ihrer Mutter zu zerren, in der zähen Erwartung, von ihr jene Unterstützung zu erhalten, die sie sich wünschte.

Kathrins Mutter, von den Alltagspflichten, eine Familie zu betreuen, endlich befreit, wollte jedoch keine weitere Verwicklun mehr mit ihrer Tochter und deren Nöten. Sie konnte weder vor sich noch vor ihrer Tochter verbergen, daß der Lebensweg, den ihre Tochter gewählt hatte, die Werte, nach denen sie selbst gelebt und gelitten hatte, in Frage stellte – und daß sie ihr das übelnahm. Weder Mutter noch Tochter konnten offen über ihre gegenseitige Enttäuschung sprechen. Am Ende ihrer jeweiligen Gespräche stand Kathrin mit leerem Löffel zwischen Tisch und Bank. Umgetrieben von Gefühlen und Bedürfnissen, die in der Beziehung zur konkreten Mutter keinen Platz bekommen hatten, suchte sie nach einer Brust, die ihr den Trost geben würde, nach dem sie so sehr verlangte.

Die kindlich-romantischen Vorstellungen über eine Frau-Mann-Beziehung, die Kathrin im stillen hegte, entsprachen eher denen einer pubertierenden Dreizehnjährigen denn einer 36jährigen Frau. Sie träumte von bedingungsloser Liebe, in der sie als etwas Spezielles gesehen würde, als jemand, der anders sei als gewöhnliche Frauen. Ihr Ex-Ehemann war von seiner »besonderen« Frau, die weder fähig noch bereit war, den Aschenputtelkram von Ehe und Familie mit wirklicher Anteilnahme zu bewältigen und auch ihre Ambivalenz der Ehe gegenüber nicht aufgeben konnte, überfordert. Wie Kathrin sich dem Schmerz ihrer gescheiterten Beziehung noch einmal stellt, wird ihr bewußt, wieviel Mühe es ihr macht, mit den Grenzen der Liebe als eine erwachsene Frau umzugehen; es fehlt ihr der Instinkt, das Anderssein der männlichen Interessen in die Beziehung einzubinden, ohne daran zu verzweifeln.

Ohne eine Verwurzelung in den Instinkten fehlt der Frau die Möglichkeit, sich im Alltagskram des Familienlebens einzupendeln und weder dem Pol des Perfektionismus noch dem der Schlamperei zu verfallen. Ohne den instinktiven weiblichen Grund fehlt ihr der Anker, in der Alltäglichkeit der Beziehung wie auch in der Intimität der Sexualität sich mit sich selbst eins zu fühlen. Kathrin war in ihrer Beziehung zu ihrem Mann, sobald emotionale Nähe entstand, desorientiert und irritiert. Sie hatte das Stadium der jungfräulichen Königin nie wirklich verlassen, und weder Mann noch Kind hatten sie bewegen können, ihre »splendid isolation« zu verlassen.

Kathrin hatte eine Mutter erlebt, die sich ihrem eigenen Körper gegenüber ambivalent verhielt und es nie wirklich geschafft hatte, die Rolle der Frau und der Mutter sicher zu übernehmen. So fehlte der Tochter die Matrix, an der sie sich hätte orientieren können. Dieser Mangel machte für Kathrin das Leben und die emotionalen menschlichen Beziehungen zu einer konstanten Bedrohung, die ständiger Überlegung und Überwachung bedurfte. In ihrer Kindheit hatte Kathrin ihr Vakuum teilweise mit der Anerkennung und Liebe durch den Vater gefüllt. Er war während der Woche nur selten anwesend, und wenn er nach Hause kam, brachte er gewichtige Papiere mit, an denen er arbeitete. Kathrin war damals wie heute überzeugt, daß ihr Vater ihre Mutter nicht wirklich geliebt habe (wäre er sonst so viel abwesend gewesen?) und daß sie im Grunde seine wahre Geliebte gewesen sei. Natürlich hatte er sich immer in emotionaler Zurückhaltung geübt, aber sie fühlte, was sie ihm bedeutete, und sie fühlte sich trotz der emotionalen Distanz, die zwischen ihnen bestand, von ihm viel besser und tiefer verstanden als von der Mutter. Da Kathrin ihr seelisches Überleben an den Vater gebunden hat, hat sie ihre Weiblichkeit unbewußt dem geopfert, was für sie der sicherste Wert im Leben erschien: die Anerkennung des Vaters und später seiner Stellvertreter in der Welt.

Auf den ersten Blick scheint Kathrins Orientierung am Vater die ideale Voraussetzung für eine Beziehung zu einem anderen Mann zu sein, da sie von früh ein großes Geschick entwickelt hatte, das zu werden, was der Vater von ihr erhoffte. So ist es auch. Kathrin bestätigt ihr Geschick im alltäglichen Umgang mit Männern. Sie weiß genau, was sie tun muß, um von Männern gesehen und anerkannt zu werden. Da sie einen großen Erfahrungsschatz besitzt, wie man bei Männern Wohlwollen auslöst, gerät sie auch selten in die Lage, männlicher Entwertung ausgesetzt zu werden. Kommt es doch zu einer Auseinandersetzung, gelingt es ihr, den Unmut, den sie ausgelöst hat, innert nützlicher Frist umzubiegen und zu besänftigen.

Sie ist vom väterlichen Wertesystem durchdrungen und hält dieses für ihr ureigenes. Es fällt ihr leicht, mit Männern eine gemeinsame Sprache zu finden, denn sie hat nie eine eigene entwickelt. Es ist ihr keine Anstrengung zuviel, um die gesellschaftlichen Erwartungen zu erfüllen. Ihr Vater anerkennt das auch; es ist nur ihre Mutter, die neidisch zu sein scheint und ihr sowohl die Liebe ihres Vaters wie auch ihren Erfolg heimlich mißgönnt; zumindest ist dies Kathrins Ansicht.

Kathrin ist davon überzeugt, daß ihre Mutter schon immer auf sie eifersüchtig war, gerade weil sie Vaters Liebling war. Ihr weiteres Leben bestärkte sie in ihrer Überzeugung, daß Frauen eifersüchtig, hinterhältig und verräterisch seien. Es gelingt ihr nicht, auf Dauer eine wirkliche Frauenfreundschaft einzugehen; sie kann sich aber vorerst nicht vorstellen, was dies mit ihr selbst und ihrem Verhältnis zum Weiblichen zu tun hat. Erst nach einiger Zeit dämmerte ihr, daß das Verräterische, das sie so konstant in anderen Frauen sieht, etwas mit ihr zu tun haben mußte. Jetzt stellte sich die Frage, was sie, Kathrin, denn verrate? Kathrins weibliches Selbst spielt in diesem Spiel der Anpassung an die bewunderten männlichen Wert-vorstellungen eine Nebenrolle; bei allem, was Kathrin denkt und tut, läßt sie sich von übernommenen Werten und Begriffen leiten und hält sie für die eigenen; der Zugang zu ihren originalen schöp-ferischen Qualitäten bleibt dabei blockiert.

Für Kathrin war die Machtlosigkeit ihrer Mutter der sichere Beweis, daß die mütterlichen Werte den väterlichen unterlegen sind. Im Zwiespalt zwischen weiblicher Solidarität und männlicher Anerkennung entschied sie sich für das letztere. Ihr Wert als Frau lag für sie nun einmal darin, daß sie etwas Besonderes war, eben anders als ihre Mutter, Kolleginnen oder andere Frauen; diese ihre Einschätzung wird ihr von Männern auch laufend bestätigt. Ohne männliche Anerkennung, sei es für ihre Eleganz oder ihre Intelli-genz oder ihre ansprechende »Weiblichkeit«, fühlte sie sich wert-los. Kathrin war in der Position der Vatertochter eingeschlossen und konnte den Schlüssel, der ihr die Türe zum verbotenen Zim-mer geöffnet hätte, aus eigener Kraft nicht finden; es gab für sie keine Alternative! Die Vorstellung, daß sie einfach eine Frau sei wie Millionen andere Frauen auch, wies sie mit Schaudern zurück.

Töchtern wie Kathrin, die der Autorität der väterlichen Gesell-schaft die Reverenz erweisen, bleibt keine Entwicklung verboten: Sie sollen die Schönsten und Klügsten sein, sie sollen glänzen, sie sollen der Mittelpunkt der Party sein, sie sollen an der Macht par-tizipieren dürfen – aber sie dürfen unter keinen Umständen auf-hören, »Papas Mädchen« zu bleiben.

In Kathrins Lebensgeschichte fehlen Mütter und Schwestern, die stark genug sind, sich selbst und auch andere zu nähren. Jedes heranwachsende Mädchen und auch noch die erwachsene Frau braucht diese Orientierung. Wir brauchen mehr als eine Frau, die – in sich selbst verankert – uns Vorbild ist, um unsere eigene Fülle als Frauen zu spüren, um ein Gefühl dafür zu entwickeln, was es bedeuten kann, eine Frau zu sein. Wenn das instinktive Gespür funktioniert, holen wir uns solche nährenden Erfahrungen aus den

Begegnungen mit Tanten, Großmüttern, den Freundinnen der Mutter, den älteren Schwestern, der Lehrerin, der Therapeutin, der Verkäuferin im Kleiderladen, dem weiblichen Gegenüber im Zug. Selbst die beste Mutter ist immer nur ein sehr begrenztes Abbild der »Großen Mutter« und besitzt nicht jene absoluten Voraussetzungen, um der Tochter die vollständige Palette zu vermitteln, wie Frausein funktionieren kann; aber die Welt ist zum Glück voller Ersatzmütter und Ersatzschwestern, wenn wir nur verstehen, uns selbst im Kontakt mit ihnen zu nähren.

Der Frau, deren Verhältnis zum mütterlichen Grund mangelhaft und gestört ist, fehlt dieses Gespür. Ohne Bezug zu einer tieferen Schicht in sich selbst und ohne die Milch, die Frauen einander geben können, schafft sie es nicht, sich den emotionalen Hochs und Tiefs, der Begrenztheit und der Ambivalenz, die alle nahen menschlichen Beziehungen auszeichnen, zu öffnen und sie für ihr seelisches Wachstum zu nützen.

Nach dem Scheitern ihrer Ehe hatte sich Kathrin tief in ihre elegante Distanziertheit zurückgezogen und ihre Sehnsüchtigkeit nach mitmenschlicher Abhängigkeit und Nähe als untauglich abgeschrieben. Jetzt drohte ihr psychisches System aus Mangel an emotionalem energetischem Austausch zu kollabieren.

Ada McGrath VII
– Das Opfer

Am Morgen des vierten Tages entfernte Stewart die Bretterverschalung. Er verließ sich darauf, daß Ada die Lektion ein für allemal gelernt habe, und brach auf, nachdem er zuvor Werkzeuge und Verpflegung für den Tag eingepackt hatte. Die Welt war für Stewart, nun da er sie auf seine Weise wieder an den Platz gerückt hatte, wo sie hingehörte, fast wieder in Ordnung.

Ada streift ziellos durch das Haus auf der Suche nach etwas, von dem sie noch nicht weiß, was es sein würde und was sie damit machen soll. Endlich hält sie beim Piano an, hebt eine der elfenbeinernen Tasten an und entfernt sie sorgfältig. Dann entzündet sie eine Kerze, erhitzt eine Nadel und brennt in die hölzerne Seite der Taste: »Liebster George, mein Herz gehört Dir« hinein; dahinter setzt sie ihren Namen »Ada McGrath«. Nachdem sie das Werk vollendet hat, wickelt sie das kostbare Präsent in ein Leinentuch und verschnürt es mit einem grünen Band. »Bring das zu Baines«, gibt Ada ihrer kleinen Tochter zu verstehen, »es gehört ihm.«

Ada hatte keine Ahnung, wie es weitergehen sollte – sie folgte ihrem Herzen. Solange sie einzig in der Welt von »Cecilias« Zauberklang gelebt hatte, war sie sich selbst genug; sie brauchte die Welt draußen nicht und auch keine anderen Menschen, abgesehen von ihrer kleinen Tochter. Doch jetzt, da ihre Seele einen Körper erhalten hatte, war ein Piano kein genügender Ersatz mehr für den Schmerz und die Freuden der Liebe; der Traum kein Trost mehr für gelebte Erfahrung: Ada machte sich auf, Schastelmarveille zu verlassen. Die Taste war das Zeichen, daß sie es ihrer neu erwachten Stärke zutraute, sich in ihr Schicksal zu stürzen – und das Schicksal nahm das Zeichen an.

Ada schickte ihr Zeichen des Einverständnisses durch einen Boten in die Welt hinaus. Im Märchen besteht die allerschwierigste Aufgabe für die Heldin darin, die Vision, die sie im verbotenen Zimmer empfangen hat, das anfänglich noch unbestimmt schwankende Gefühl, die leise Stimme sich bewußt zu eigen zu machen und umzusetzen. In diesem Augenblick – darin sind sich Märchen, Sagen und die Lebenserfahrungen von schöpferischen Frauen einig – wird die Heldin einer unerbittlichen Prüfung ausgesetzt. Auf sich selbst zurückgeworfen – von keinem Helden gerettet –, sich selber treu gegen alle Ängste, Verunsicherung und Schrecken, die über sie hereinbrechen, wird sie einer Probe auf Leben und Tod ausgesetzt.

Flora, Adas kleine Tochter, die auf dieser »Reise ans Ende der Welt« die Rolle des Boten übertragen bekommen hatte, tat nun das, was die Boten zu allen Zeiten taten und tun aus Gründen, die für die Logik unergründlich bleiben, nämlich zum einzigen Zweck, die Geschichte auf ihr Ziel hin vorwärts zu bewegen: Sie bringen Empfänger und Botschaft durcheinander, bringen die Botschaft nicht dem, für den sie gedacht, sondern lassen sie dem zukommen, für den sie bestimmt ist. Statt auf dem rechten Pfad zu bleiben, der zu der Hütte von Baines führt, wie ihr von der Mutter aufgetragen, entscheidet sich Flora, statt dessen den Weg zu linker Hand, der zu Stewart führt, einzuschlagen. Sie trifft ihn bei seiner Lieblingsbeschäftigung an: dem Einzäunen von Land mit Hilfe von soliden Pflöcken. Stewart öffnet das grüne Band des kleinen Paketes, das Ada ihrer Tochter anvertraut hatte, und liest die Inschrift, mit der Ada ihre Liebe für George auf einem Stück ihres Pianos, dem Kostbarsten, was sie besaß, dem »Herz ihres Herzens«, eingebrannt hatte. Die Buchstaben verschwimmen ihm vor den Augen; die Tore der Unterwelt öffnen sich krachend, und die rasenden Hunde der verschmähten Liebe, des Hasses, der Wut und Verzweiflung überfallen ihn ohne Erbarmen. Die Botschaft der Liebe, die einem andern gilt, sie reißt ihn hoch und vorwärts. Stewart packt seine

Axt, taumelt den Hügel hinunter und auf das Haus zu wie in einen Abgrund. Die Sonne verschwindet, und es beginnt zu regnen.

Ada springt auf, wie Stewart bleich und außer Atem ins Haus stürzt. Die Axt kracht in die hölzerne Platte des Tisches, zielt auf das Piano; wimmernd ertönen die Bässe. Ohne die Axt loszulassen, packt Stewart die erblaßte Ada und schleudert sie durch den Raum; er zerrt weiter an ihr, zerrt sie hinaus in den Sturm, durch den Regen, schleift sie durch den Schlamm, hin zum Hackblock, drückt ihre Hand unerbittlich auf das Holz, hebt mit verzerrtem Gesicht die Axt, läßt sie herabsausen und hackt den Zeigefinger von Adas rechter Hand ab. Einen Augenblick lang herrscht vollkommene Stille. Ada hatte nicht geschrien, auch jetzt nicht; das Gesicht schlammbespritzt, starrt sie vor sich hin. Auf dem Block liegt, sauber abgetrennt, der Zeigefinger; aus Adas Hand quillt pulsierend das rote Blut. Unter Aufbietung aller Kraft und Würde, blut- und schlammbespritzt, erhebt sich Ada und bewegt sich instinktiv in die Richtung von George Baines' Hütte. Dann wird ihr schwarz vor den Augen.

Es ist eine Filmszene, die zu sehen immer wieder Überwindung kostet. Es braucht seine Zeit, bis sich Distanz zu dem erlebten Schrecken einstellt und den Blick auf das initiatorische Geschehen hinter dem offenkundigen Ereignis freigibt. Ähnlich wie damals, beim Tod von Orgeluses Geliebtem und dem Verlust des Gartens, verlangt das Gefühl, die Erfahrung erlittener Grausamkeit zu respektieren und sie nicht durch Analyse zu relativieren; Distanz ist eine verräterische Haltung dem Schmerz gegenüber. Andererseits eröffnet Distanz die Möglichkeit, hinter dem Sichtbaren das Verborgene zu erkennen, was auch eine Form von Heilung werden kann.

Um die Initiation, die in dieser Szene der Gewalt auch enthalten ist, zu erkennen, ist es notwendig, Stewart nicht auf die Rolle des eifersüchtigen, sich rächenden Ehemannes zu beschränken, sondern ihn gleichzeitig als innere subjektive Erfahrung in Adas

Individuationsprozeß zu akzeptieren – so wie wir es bereits mit dem Part von George Baines getan haben. In der inneren, der symbolischen Handlung, erscheint die Gestalt von Stewart als eine zerstörerische Kraft, die den magischen Kokon, der Ada geschützt, aber auch eingeschlossen hatte, zerschmettert.

Der amputierte Finger stellt sich fortan wie ein schwer zu bewegender Riegel zwischen Ada und »Cecilias« Piano. Nicht daß durch den Verlust des einen Fingers die Verbindung ganz unterbrochen und das Pianospiel unmöglich geworden wäre; doch es wird ein anderes Spiel sein, eines nach dem Bruch, das sich Ada auf eine neue Weise, Schritt für Schritt, bewußt wird zurückerobern müssen.

In der Entwicklung des männlichen Selbstverständnisses ist die Auseinandersetzung mit der dunklen Seite des Mutterarchetypus, mit der menschenfressenden Hexe, die große Herausforderung, die es zu bestehen gilt. Anders im weiblichen Emanzipationsprozeß; hier ist die Konfrontation mit dem blaubärtigen Vaterschatten die schier unlösbare Aufgabe, die kein rettender Prinz je einer Frau abgenommen hätte. Erst nach dieser ungeheuerlichen Konfrontation gewinnt Ada ein bewußtes Verständnis ihrer weiblichen Identität, das sie zukünftig davor bewahren wird, blind in die Fallen der blaubärtigen Zauberer zu laufen.

Blaubart, der dunkle Schatten der Väterwelt, der aus der Unterwelt aufbricht und zu Stewarts Besessenheit wird, ist der Dämon einer Kultur, die mit dem Weiblichen – dazu zählen nicht nur die Frauen, sondern auch die Beziehung zur Erde, der Umgang mit den »heiligen Kräften« – auf Kriegsfuß steht. Frauen gewinnen nichts, wenn sie den Blaubart-Dämon einseitig auf einen einzelnen Mann abwälzen und sein kalt-tückisches Glitzern alleine in ihm zu finden glauben, einfach weil er männlich ist; in der einseitigen Wut auf den Mann verkämpft sich die Frau und haut daneben. Blaubart ist ein kollektives Schattenproblem, das bei Männern und Frauen seine Lust am Zerstückeln des Lebendigen austobt. Trotzdem besteht ein Unterschied: Männer, die von Blaubart besessen sind, können ihren Haß auf das Weibliche an der konkreten Frau und an dem, was ihr wertvoll ist und das Leben sinnvoll macht, austoben. Die Frau hat ihr Opfer unter dem eigenen Dach.

Beginnt eine Frau, sich vom Vaterkomplex zu lösen, geht es in einem ersten Schritt darum, daß sie durchschaut, was dieser Komplex mit ihr anstellt, wie Blaubart sie in seinem Schloß festhält; es geht darum, daß sie sich nicht weiter damit verwickelt, sondern sich innerlich davon distanziert. Blaubart verliert einen großen Teil seiner Macht über die Frau, wenn ihr klar wird, mit welchen Methoden, Gedanken, Vorhaltungen er sie zerstückelt, in welchem Momenten er die Axt schwingt, um sie von ihrer inneren Stimme abzuschneiden, wie er ihr eigenes Wissen mit seiner Besserwisserei übertönt, wie er mit seiner selbstgerechten Moral ihr spontanes Mitgefühl abwürgt, wie er mit stirnrunzelnder Gerechtigkeit ihre Lebendigkeit buchhalterisch abrechnet. Im Märchen von Blaubart wendet sich die Frau in ihrer Not an ihre Schwester, die auf Besuch gekommen ist. Sie spürt instinktiv, daß sie in diesem Befreiungsprozeß aus Blaubarts Zauber auf ihre weiblichen Ressourcen angewiesen ist, auf den Teil in ihr, der nicht im Bann von Blaubart steht. Die Schwester schaut – während die Frau, eingeschlossen in der Burg, vom rasenden Blaubart verfolgt wird, Todesängste ausstehend – einfach aus dem Fenster und sagt: »Ich sehe die Sonne, die scheint, und das Gras, das grün ist.« Es ist der Teil in der Frau, der das Leben sieht und spürt, der Teil in ihr, der geschehen lassen kann, der Teil in ihr, der auch mit nur neun Fingern sich seiner Verbindung mit »Cecilia« erinnert. Im Bild der Sonne, die scheint, und dem Gras, das grün ist, liegt ein ungeheurer Gegensatz zum messerwetzenden Blaubart und zum axtschwingenden Stewart. Es ist diese Solidarität zu ihrer schwesterlichen weiblichen Seite, die die Frau am Ende von der endgültigen Zerstückelung durch Blaubart rettet.

Frauen sind nicht nur menschlich und einfühlsam und Männer nicht nur rücksichtslos, besserwisserisch und aggressiv. Wenn in Ada nicht eine ganz und gar unzimperliche Ruchlosigkeit stecken würde, hätte sie weder die Jahre des Schweigens durchgestanden noch die Reise ans Ende der Welt mit all ihren seelischen und körperlichen Strapazen. Ada, dieses feine weibliche Wesen, ist nicht einfach nur Opfer, sie ist *die rücksichtslose Heldin der Geschichte*.

In diesem Sinne, als inneres Drama erlebt, wird der abgeschlagene Finger ein Symbol für das Opfer, das die Frau zu bringen hat, wenn sie sich ihren Weg freikämpft, hinaus aus Blaubarts Schloß. Ada hatte, bevor sie die Reise ans Ende der Welt antrat, eine innere Intaktheit, eine Naivität, die immer auch ein Ausdruck davon ist, daß ich mich selbst noch nicht wirklich kenne und mir leicht etwas vorzumachen ist. In solchen Fällen kann man nur warten, bis das Unbewußte eine Situation konstelliert, die die relativ harmonische Lage auseinanderbricht, damit eine komplexere Ebene der Lebenserfahrung erreicht werden kann. Eine Frau spürt, daß sie deutlich mehr sein könnte. Sie lebt ein unbedeutendes Leben mit einem begrenzteren Horizont, als sie fähig wäre zu leben. Unter solchen Umständen schickt ihr das Unbewußte Blaubart über den Weg, der die bis dahin zufriedenstellende bestehende Harmonie »zerstückelt«, damit sich die innere und äußere Welt zu einem differenzierteren Lebensmuster zusammensetzen kann. Ein solcher Prozeß kann damit beginnen, daß in den Träumen plötzlich ein geheimnisvoller und gefährlicher Konflikt auftaucht. Doch es bleibt nicht dabei; nach einiger Zeit ereignet sich draußen etwas, das solchen katastrophalen Motiven entspricht.

Es gibt wunderschöne Bilder, die das Wachstum der Persönlichkeit als einen kontinuierlichen Prozeß beschreiben, gleich einem Baum, der immer wieder einen neuen Ring dazugewinnt. Doch die Entwicklung des menschlichen Bewußtseins ist nicht von der vegetativen Art, es ist ein Zerstören und Neuwerden, um verwandelten, reicheren Formen des Bewußtseins Raum zu geben. Dazu sagt M.-L. von Franz: »Individuation ist kein additiver Prozeß, sondern hat einen viel komplizierteren Rhythmus, und wenn ein großer Fortschritt des Bewußtseins intendiert ist, nimmt einem das Unbewußte zunächst alles weg, so daß jemand, der sich engagiert auf diesen Weg begeben hat und nun total gestört wird, das Gefühl bekommt, er habe noch gar nichts erreicht, weil alles verloren scheint.«[74]

Es scheint so, daß eine Frau das Blaubartprinzip erst durchschauen kann, nachdem sie in die Falle getreten ist. Wie sie schließlich erkennt, mit was sie sich eingelassen hat, kommt sie nicht ohne ein Opfer wieder los. Indem sie Blaubart außen durchschaut, durchschaut sie auch ihre eigenen Spiele der Macht, den eigenen Hang zu kontrollieren und zu manipulieren, die eigene Unfähigkeit, Dinge sich entwickeln zu lassen; sie sieht, wo und wie ihr Hang nach Perfektion und Effizienz sich austobt, ohne nach den Kosten zu fragen; es ist ihr nicht mehr möglich, die Herzlosigkeit der eigenen verbalen Geschicklichkeit zu überhören; sie spürt ihre Gleichgültigkeit, wenn sie andere für die eigenen Zwecke mißbraucht. Sie begegnet dem Teil von sich, der ungezogen, gierig und rücksichtslos ist.

Am Ende des Märchens von Blaubart fällt der Reichtum, den Blaubart gehortet hat, an seine Frau. Die Frau, die sich vom blaubärtigen Dämon bewußt distanziert hat, entscheidet *in eigener Regie* über das Erbe, wie sie es brauchen und wo sie es einsetzen will. Der blaue Bart drückt ja auch etwas Geistiges aus, Abstrahierung, wissenschaftliche Objektivität, strategisches Geschick; das kann sehr inspirierend sein und wirkt sich erst durch die Vergewaltigung der weiblichen Kreativität destruktiv aus. Blaubarts Erbschaft an seine Frau zeigt sich in der Fähigkeit, eigene Ideen entschlossen festzuhalten und umzusetzen, damit auf Dauer etwas entstehen kann; Entscheidungen durchzuziehen, auch wenn es für einen selbst und andere unbequem ist; one-track-minded auf der Ziellinie zu marschieren, wenn die Situation es verlangt. Praktische

Erfahrung in der Verwaltung von Blaubarts Erbe manifestiert sich im folgenden Ausspruch einer selbstbewußten, differenzierten Frau, die in einer internationalen Organisation zum oberen Kader gehört: »Ich bin normalerweise spontan und direkt. Doch damit kann ich in einer so weit verzweigten Organisation wie der unseren nichts bewirken. Es ist für mich selbst erschreckend, wie gut ich gelernt habe zu lobbyieren, um das zu erreichen, was ich für richtig halte; ich bezahle es mit einem Stück meiner Integrität; aber es geht nicht anders.« Diese Frau weiß, daß sie Blaubart einen Finger geopfert hat, und macht sich nichts vor; doch gerade das Leiden daran verhindert, daß sie sich mit Blaubarts Erbe identifiziert und sich von der Faszination der Macht überwältigen läßt.

In der Konfrontation mit Blaubart erwirbt sich die Frau jene persönliche Macht, die nötig ist, um die eigene Kreativität für sich in Anspruch zu nehmen. Die eigentliche Gefahr jeder Mann-Frau-Beziehung besteht darin, daß der Mann die weibliche Inspiration ins Bewußtsein hebt, für sich nutzt und dann davonläuft, um den Gewinn als sein geistiges Eigentum einzustreichen. Eine andere Gefahr taucht dann auf, wenn der Mann sich mit dem Weiblichen und seinen besonderen Qualitäten zu sehr identifiziert und damit indirekt sein maskulines Selbstverständnis in Frage stellt; nun verläßt er die beraubte Frau aus Konkurrenzgründen und aus Eifersucht.

Aber auch die Frau selbst, die die Konfrontation mit dem Blaubartaspekt nicht bewußt durchlitten hat, ist in Gefahr, von Blaubart besessen zu werden. Sie wird dann ebenso rechthaberisch und rücksichtslos wie ein ausgewachsener Macho. Nun dreht sich das Blatt: Sie arbeitet mit einem Mann zusammen und zieht ihm dann eins hinterrücks über den Schädel, um ganz sicherzugehen, daß es diesmal nicht der Mann ist, der sich die reifen Früchte pflückt. Möglicherweise hat sie sich einen Mann ausgesucht, der wirklich nur Gutes im Sinne hatte, und erwischt den Naivling mit heruntergelassener Hose.

Orgeluse VI
– Die Kunst des Werdens

Die fünfte Stufe der Initiation

Die Kunst des Werdens

Der weibliche Schöpfungsmythos – im Unterschied zur männlichen Welterschaffung – spricht der Schöpfung eine eigene Intention zu; es geht primär darum, die Bewegung des Lebens zu nutzen und die komplexen Muster, nach denen es sich entfaltet, wahrzunehmen, der Bewegung Raum zu geben.[75] Im Verständnis einer Spiritualität, die dem Weiblichen seinen angestammten Platz zurückgibt, ist das Leben selbst der machtvollste aller spirituellen Pfade, der wie kein anderer eine radikale Umwälzung des Denkens und Fühlens zu bewirken vermag und die Individuation des Menschen initiiert.

In den Riten der antiken Mysterienkulte wurden die symbolischen Einweihungsschocks in gestaffelter Folge von geistig und seelisch vorbereiteten Menschen erlebt. Auch das Leben gewährt Einweihungen, doch diese sind nicht pädagogisch gestaffelt. Für diejenigen, die nicht vorbereitet sind oder sich dagegen sperren, kann eine Karussellfahrt auf dem »gefährlichen Bett« in einer Katastrophe enden und sie für den Rest ihres Lebens spleenig, apathisch, rachsüchtig und verhärtet werden lassen. Für die anderen dagegen, die die Herausforderungen annehmen, übertreffen die Mysterien des Lebens alles, was durch künstlich geschaffene Kulte an Reife und Bewußtsein erworben werden kann. Das Leben als Träger der Evolution ist schließlich auch der Hintergrund, aus dem die Propheten, die großen und kleinen Zeremonienmeister der religiösen Mysterien, ihre ursprünglichen Eingebungen bezogen.

Gâwâns Erlebnisse, die ihn auf dem »gefährlichen Bett« erwarten, folgen in symbolischer Form einem solchen antiken Einweihungspfad, der lehrt, wie die Bewegung des Lebens zu nützen sei, um ein reiferer und bewußterer Mensch zu werden; er macht mit der *Kunst des Werdens* vertraut.

Diese *Kunst des Werdens* entfaltet sich in einer spiraligen Bewegung in einem Vier-Phasen-Rhythmus:

Phase 1 – *die Phase der Verdichtung.*
Phase 2 – *die Phase der Differenzierung.*
Phase 3 – *die Phase der Verinnerlichung.*
Phase 4 – *die Phase der Krise.*

Diese vier Lernschritte erscheinen in der Erzählung von Schastelmarveille vereinfacht in Bildern elementarer Symbole: als Steine, Speere, Fischmann und Löwe. Es sind Entsprechungen der vier Elemente Erde, Luft, Wasser und Feuer, die in praktisch allen philosophischen, religiösen und mythologischen Traditionen als *Krisen- und Wandlungsmysterien* auftauchen.

Das Werden durch Verdichtung

Gâwân wußte nicht, wie lange er schon auf dem Bett saß, das nun bewegungslos in der Mitte des Raumes stand, als auf einmal ein furchtbares Gepolter losging. Er konnte nur noch hastig seinen Schild über Hals und Kopf ziehen und sich darunter zusammenrollen. Schon kamen Steine verschiedenster Größen durch die Luft geflogen und fielen krachend auf den Schild. Das Holz splitterte, aber die Beschläge hielten.

Eine Sache ist es, eine Vision zu haben, eine andere ist es, Intuition und Inspiration umzusetzen, zu handeln und etwas daraus zu machen. Steine sind Ausdruck des massivsten aller Elemente, der Erde. Sie verkörpern den ganz konkreten Widerstand, die Tatsachen, Zwänge und alltäglichen Banalitäten, die sich hartnäckig sträuben und widersetzen, wenn unsere Visionen das Laufen lernen. Die Erde als Reich des Handelns trainiert uns gründlich und ausdauernd, uns handfesten Problemen geduldig zu stellen, Selbstgenügsamkeit, Bequemlichkeit und hochkommendes Selbstmitleid zu verschieben. Das sind in der Regel keine Übungen, für die man von anderen groß gelobt wird, und doch schaffen sie wie nichts anderes *ein stabiles, verläßliches Ich.* »Die Erde ist dein bester Freund, denn sie setzt dir Widerstand entgegen«, beginnt Antoine de Saint-Exupéry seinen Roman *Terre des hommes.*

Gâwâns Schild steht für eine Meditation des Handelns. Wir kennen alle das erhöhte physische Wohlbefinden, das konzentrierte, sinnvolle Handlung auslösen kann, die Zufriedenheit, die sich einfach dadurch einstellt, daß wir mit dem, was wir tun, eins sind. In diesem Zustand sind wir vor allem an dem interessiert, was sich entwickelt, konzentrieren uns auf das, was entsteht. Das ist etwas ganz anderes als Betriebsamkeit.

Die Steine auf Schastelmarveille fliegen, poltern und rollen daher, sie sind *in Bewegung,* gleich den krachenden und polternden Ereignissen des Lebens, bei denen auch nicht von vornherein klar ist, von welcher Seite sie hereinzubrechen gedenken. Was bleibt, ist, das zu tun, was der Augenblick erfordert. Was in der einen Phase der Entwicklung richtig ist, wirkt in der nächsten schief und daneben. Das soll nicht heißen, daß Planung und Organisation nicht hilfreich sein können – vorausgesetzt, sie verstellen uns nicht den Blick auf die Bewegungen des Lebens.

Das Werden durch Differenzierung

Der Steinhagel hörte so plötzlich auf, wie er begonnen hatte, und Gâwân wagte es, seinen Schild etwas beiseite zu schieben, um sich vorsichtig umzuschauen. Da vernahm er noch einmal den bekannten Laut und war ebenso schnell wieder unter seinem Schild verschwunden. Es sirrte und zischte rings um ihn. Schwärme von Pfeilen surrten heran und bissen sich im Schild fest. Dann war auch dieser Spuk vorbei.

Pfeile entsprechen dem Element Luft, der intellektuellen Differenzierung und geistigen Beweglichkeit. Weder Taten noch Dinge haben an sich einen Wert, wenn es nicht gelingt, ihre Bedeutung zu verstehen. In einer nur konkretistischen Wirklichkeitsauffassung fehlt der schöpferische Interpret, es fehlt die Freiheit, das konkrete Ereignis aus verschiedenen Blickwinkeln zu erfahren und zu reflektieren.

Die Irritation durch die schwirrenden Pfeile entsteht durch die Vielfalt widersprüchlicher Informationen und entspricht dem flauen Gefühl, das sich einstellt, wenn wir uns gezwungen sehen, das, was wir für richtig hielten, zu hinterfragen. Wir entdecken, daß es unterschiedlichste Verständnismodelle gibt, die sich gegenseitig widersprechen und ergänzen. Am Ende verstehen wir, daß Wahrheit nichts Endgültiges ist, daß es vielmehr darauf ankommt, Spannungen, Unsicherheiten und Ambivalenzen auszuhalten, um sich den Konflikten, Ungereimtheiten und Widersprüchen, die zum Inventar des Lebens gehören, zu stellen.

Im Bereich der Pfeile geht es vor allem darum, die Unterschiede wahrzunehmen, sich eines Ereignisses als Ereignis zu erinnern, das sich von anderen, verwandten Ereignissen unterscheidet. Wer war beteiligt? Was war anders als das letzte Mal? Wo gibt es Ansatzpunkte für neue Verhaltensmuster und veränderte Geschichten? Daraus entsteht so etwas wie eine objektive Beobachtung: Was kann ich erkennen, und was entwickelt sich da? Es öffnet sich der Blick für die kleinen, partiellen Veränderungen, die sich im Leben vollziehen – und auf sie kommt es an, durch sie wächst die Summe der Erkenntnis.

Das Werden durch Verinnerlichung

Es dröhnten schwere Schritte draußen im Gang, die Tür flog auf, und eine riesige Gestalt schob sich ächzend herein. Der Riese, der da kam und sich schlurfend und taumelnd vorwärts bewegte, war mit lauter silbrig glänzenden Fischschuppen bedeckt. Gâwâns Schwert fuhr in die Höhe und stellte sich zwischen ihn und die fremde Gestalt; die wich zurück und verschwand.

Das Schwert Gâwâns bekämpft den fischschuppigen Riesen nicht – es setzt ihm eine Grenze. Gâwâns Schwert trennt zwischen dem fließenden inneren imaginären Raum und der konkreten äußeren Lebensbiographie. Der Fischschuppige[76] verkörpert die unbestimmten, schlurfenden und taumelnden Bewegungen unserer Emotionen, Krisen und Träume, die in keiner Tatsachenchronik verzeichnet sind; und doch sind sie so etwas wie unser »individueller Paß«, der uns einmalig macht.

Innere Seelengeschichten und äußere Lebensbiographie laufen zwar geschwisterlich nebeneinander her, ohne miteinander identisch zu sein. Ohne das trennende Schwert verwechseln wir leicht das äußere Ereignis mit unseren inneren Träumen und Ängsten. Gefühle blasen sich zu Riesen auf; wir identifizieren uns mit den Rollen der einsamen Heldin, der Mutter Theresa, der großen Liebenden, der zutiefst Mißverstandenen, der Emanze, der vom Schicksal Auserwählten. Anstelle einer nützlichen Auseinandersetzung, die nur dadurch gelingt, daß wir uns dem *inneren Bild* stellen, kommt es zu einer Verzerrung der äußeren Realität, und unser Leben läuft aus dem Ruder.

Ein Grund für diese unübersehbare menschliche Anfälligkeit liegt möglicherweise darin, daß wir als aufgeklärte Menschen uns fast immer mit unseren Impulsen identifizieren, als hätten diese keine Eigendynamik und wären einzig das Ergebnis unserer wohlüberlegten Entscheidung. Wir übersehen dabei mit rationalem Selbstbewußtsein, daß wir auch *gelebt werden*, daß Seele etwas *Objektiv-Wirkendes* ist, das sich dem kontrollierenden Zugriff des Ichs keineswegs unterordnet. Die Kultur der Aufklärung hat uns zwar vom »Aberglauben« an Götter und Dämonen – die an heiligen Plätzen wohnen – befreit; doch dadurch wurden wir selbst zum Spielplatz der heimatlos gewordenen Geister. Von irrationalen Bildern aufgebläht, tragen wir groteske Dämonenmasken, die wir der Mode entsprechend rational einkleiden, damit keiner den Wahn bemerkt, der uns treibt, vor allem wir selbst nicht.

Das trennende Schwert Gâwâns weist diesen schweifenden Göttern und Dämonen ihren Platz zu, respektiert sie als eigenständige Wirklichkeiten und verhindert damit, daß sie sich in unser tägliches Leben einschleichen. Ein solcher Prozeß der Verinnerlichung vollzieht sich in der Psychoanalyse, wenn innere Erfahrungen und die dadurch ausgelösten Imaginationen ins Licht des Bewußtseins gerückt und von den äußeren Ereignissen abgelöst werden. Aber auch in allen Momenten der Aufrichtigkeit den eigenen verborgenen Motivationen gegenüber ziehen wir Gâwâns Schwert. Mit einer solchen Haltung entlasten wir das Leben und geben ihm seine Farbigkeit und Offenheit, die es für das Kind noch hatte, zurück.

Die faszinierende Intensität des Unbewußten bleibt eine ständige Bedrohung für unsere mühsam eroberte Ichposition. Je mehr das Ich sich abmüht, die abweichenden Strebungen, die aus dem Untergrund gegen die eigenen Vorstellungen revoltieren, in Griff zu kriegen, um so hinterhältiger schlägt das Unbewußte zurück. Es bleibt am Ende die Einsicht, daß wir den unbewußten Kräften, die nicht parieren wollen und unsere Stimmungen und Handlungen unkontrollierbar beeinflussen, respektvoll begegnen müssen, soll es zu einem fruchtbaren Dialog kommen; schließlich tun wir dies ja auch mit den Bedingungen in der äußeren Welt, die durchaus nicht immer auf unsere persönlichen Erwartungen und Vorstellungen Rücksicht nehmen.

Seinen Emotionen, Fantasien und Träumen Raum zu geben, sie zu imaginieren und »mit ihnen zu gehen – ohne sich gehen zu lassen«, keine der beiden Welten zugunsten der andern zu opfern und die eine von der anderen unterscheiden zu können – dies ist der Bewußtseinsprozeß, der auf der Schneide von Gâwâns Schwert stattfindet.

Das Werden durch die Krise

Als nächstes ertönte ein dumpfes Grollen. Die Türe öffnete sich erneut, und ein Löwe kam herein, dessen Schulterhöhe entsprach der Länge eines Menschen, so riesig war er. Er riß sein Maul weit auf und brüllte erschreckend, bleckte seine Zähne und tat einen zornigen Sprung, um sein Opfer in Stücke zu reißen. Gâwân kämpfte um sein Leben und bohrte sein Schwert in den Löwen. Am Ende lagen Löwe und Mann blutüberströmt auf dem Boden und rührten sich nicht mehr.

Der Löwe repräsentiert das Feuer, die schöpferischen Energien, die uns antreiben, Grenzen zu überschreiten und neue Räume zu erobern.

Der Löwe und der tödliche Tanz des Zerrissenwerdens, den Gâwân mit ihm tanzt, läßt an den griechischen Gott Dionysos denken. In einer der unzähligen Geschichten über ihn wird Dionysos als Jüngling von Räubern auf ihr Schiff verschleppt, da er so wunderbar die Harfe zu spielen vermag. Wie sich das Schiff bereits weit draußen auf dem Meer befindet, verwandelt sich der Gott in einen Löwen, zerreißt den Steuermann und wirft die anderen in die See. Übersetzt in alltägliche Lebensgeschichten bedeutet es, daß wir uns vom Zauber des Lebens verführen lassen: Wir verlieben uns in einen Menschen, sind hingerissen von einer großartigen Idee oder verwickeln uns in eine aufregende Goldsuche. Zusammen mit diesem leidenschaftlichen Versprechen gehen wir dann auf die Lebensreise, und erst viel später, wenn wir uns bereits auf hoher See befinden und an eine Umkehr nicht mehr zu denken ist, gehen uns die Augen auf, und es dämmert uns, was für eine schwierige seelische Dynamik wir an Bord geladen haben. In solchen Momenten stellt sich heraus, ob das Seelenschiffchen solide genug ist, ob es uns gelingt, durch Krisen »zu werden«.

Dionysos ist die Schutzgottheit des griechischen Dramas. Dieses ritualisierte den schwankenden Raum zwischen äußerer Realität und Imagination und machte ihn der menschlichen Vernunft zugänglich. Damit wird Dionysos nicht nur zum schützenden Geist des griechischen, sondern jedes menschlichen Dramas, in dem das Ich mit inneren und äußeren Löwen konfrontiert wird.

Das Bild des Löwen assoziiert Sommerhitze, Licht, Erregung und Leidenschaft. Wo der Löwe erscheint, wird die Persönlichkeit mit leidenschaftlichen Impulsen, Wünschen und Affekten konfrontiert, die stärker sind als die bisherigen Vorstellungen des Ichs über sich selbst. In den Zeiten des Löwen greifen wir nach unmöglichen Dingen, machen Szenen und tun manchmal Dinge, von denen wir später lieber nicht mehr sprechen wollen. Doch man kann sich selbst nun einmal nicht näherkommen, ohne sich ganz zu kennen. Menschen, die ihre dunklen Wünsche vor sich selbst nicht zulassen und sich statt dessen konventionell und korrekt verhalten, bekommen zwar keine nassen Füße; doch wird weder gestorben, noch gejauchzt, noch gebrüllt, noch sich verwandelt, noch neu geboren.[77] In der Konfrontation mit dem Löwen erfährt Gâwân die ganze Dimension seines Lebens.

Was es bedeutet, dem Löwen unvorbereitet gegenüberzutreten, ohne Gâwâns Schwert zur Hand zu haben, zeigt sich in den unzähligen Formen der Süchtigkeit. Hineingerissen in eine Kultur der Planung, Kontrolle, der Perfektion und des maximalen Gewinns, kommen wir unter die Räder der geglätteten Harmonie einer Konsensgesellschaft, die die Sehnsucht des Herzens nach Ekstase und Wandlung, nach Hingerissenheit und Todeserfahrung verdrängt hat; der verleugnete ekstatische Aspekt des Geistes, die Sehnsucht nach einem inspirierten sinnlichen Leben fällt dann als Sucht über die Sehnsüchtigen her, reißt sie in Stücke und wirft sie über Bord. Mit einer geordneten, nach Perfektion strebenden, nach außen korrekten Haltung wird zwar viel Leiden vermieden, aber auch manches, was zum Menschwerden gehört, übersprungen.

Wenn man es auf sich nimmt, sich mit seinem brüllenden Löwen zu konfrontieren, auch wenn man weiß, daß man ihn am Schluß töten muß, geht man durch manches hindurch, was sonst fehlen würde. In der Konfrontation mit dem Löwen wird am Ende ein Mensch geboren, der in Kontakt mit seiner instinktiven Basis lebt. Ein neues Lebensgefühl erwacht, die Erfahrung, mit dem *Fluß seines inneren Lebens* übereinzustimmen.

Gewöhnlich projizieren wir die Sehnsucht nach dem *Fluß des inneren Lebens* auf äußere Objekte und Tätigkeiten. Wir stellen uns vor, wenn wir massenhaft Geld hätten oder einen Traumjob oder jemanden, der uns wirklich und endgültig liebte, dann würde sich dieses Gefühl des Flusses von selbst einstellen. Daß dies Projektion ist, läßt sich spätestens dann feststellen, wenn das eintrifft, was wir uns so sehr gewünscht haben. Das Gefühl des Einsseins mit dem *Fluß des inneren Lebens* stellt sich so höchstens während einer kurzen Zeitspanne ein. Marie-Louise von Franz schreibt: »Was der Mensch wirklich sucht, auch in der Projektion auf äußere Dinge, ist das Gefühl, lebendig zu sein. Es ist das

Höchste, was man erreichen kann, zumindest in diesem Leben, und deswegen wurde es immer wieder zum Gleichnis jeder Art religiöser mystischer Erfahrung, weil diese am ehesten ein solches Gefühl vermittelt.«[78]

Das Leben ist mehr als eine Parabel auf den Geist; es ist wirklich, und wir sind wirklich. Entweder akzeptiere ich mein Menschsein, lasse meine Seele in den Körper und in das Leben einströmen, oder ich muß sterben, ohne daß mir die herzzerreißenden Bewegungen des Löwen widerfahren wären und ich die Chance erhalten hätte, ein Mensch mit Herz zu werden. Am Ende der dramatischen Umarmung zwischen Gâwân und dem Löwen vermischt sich das Blut des »Geliebten der Göttin« mit dem Blut des Löwen, und der *Fluß des inneren Lebens* wird freigesetzt. »*Es gibt einen Strom, der vom Dunkeln ins Helle fließt, der wirkt Wunder, wenn er vom Herzen kommt. Wird er gespürt, werden die Frauen erlöst.*« So hatte Cundry prophezeit.

Kathrin IV
– Mütter und Töchter

Die Dritte im Bunde

Etwas vom Schwierigsten im Leben der durch das Mütterliche nicht genügend versorgten und im instinktiven Bereich »verwahrlosten« Tochter ist es, zu akzeptieren, daß sie etwas, das sie dringend gebraucht hätte, von ihrer Mutter nicht bekommen hat und auch nirgendwo anders bekommen wird. Erst wenn dieser Mangel bewußt akzeptiert wird, entsteht Raum für ein Drittes, und dieser schwierige Aspekt der weiblichen Psyche erhält eine Antwort, die Mutter und Tochter von den gegenseitigen Schuldzuweisungen und der damit verbundenen Verzweiflung erlöst.

Es gab Zeiten, da den Frauen die Würde und kulturelle Bedeutung der weiblichen Seite der Spiritualität selbstverständlich war. Stießen sie auf ihre Beschränkungen als Mütter oder als Töchter, konnten sie sich auf ihre Beziehung zum großen Weiblichen abstützen, das den Mangel auffüllte. *Die verborgene Präsenz der Göttin vermittelte der weiblichen Lebenserfahrung eine spirituelle Dimension.*

Ich verstehe den Begriff der Göttin als transzendente Instanz und nicht als eine bestimmte kultische Erscheinung. Artemis in Griechenland, Cybele in Rom, Rigani im alten Europa, Isis in Ägypten oder Inanna in Mesopotamien, sie alle sind Ausdruck einer tragenden Lebens- und Seinskraft, präsent und nah, geheimnisvoll und nie ganz zu fassen. Doch wurde die weibliche spirituelle Dimension der Wirklichkeit verdrängt. Das macht verständlich, warum es uns so schwerfällt, mit ihr in Kontakt zu kommen und uns dieser verborgenen Intelligenz bewußt zu werden. Erst wenn sie sich in einer ihrer äußerst kraftvollen oder störenden Bewegungen manifestiert, werden wir uns für einen Augenblick ihrer Gegenwart gewahr.

Viele Frauen spüren unbewußt, daß sie durch diese Verschiebung des Schöpferischen nach oben und außen von ihrer eigenen Basis abgeschnitten sind. Die patriarchale Darstellung der weiblichen Seite der Gotteserfahrung, wie sie später im Bild von Maria, der Jungfrau, erscheint, läßt nur noch einen eingeschränkten Aspekt weiblicher Geisterfahrung zu. In protestantischen Ländern wurde das Bild der Göttin sogar vollständig aus dem Bewußtsein der Menschen eliminiert. Das christliche Marienbild eröffnet zwar einen geschützten Nebenraum, drängt die Frau aber gleichzeitig in die Rolle der nur guten Mutter, nur *gehorsamen* Tochter, nur *treuen* Ehefrau, der *willigen* Gebärerin und vermittelt damit eine verzerrte weibliche Realität, in der die persönliche Frau vor allem ihre Unvollständigkeit und Abhängigkeit, nicht aber ihre Autonomie und schöpferische Vitalität erfährt. Frauen erfahren sich über das Bild der Maria als das sekundäre Geschlecht, dessen Aufgabe es ist, dem männlichen Geist die physische und psychische Infrastruktur zur Verfügung zu stellen.

Im Haus der Frau, die sich unbewußt an dem Bild der von Männern ausgedachten Frau orientiert, gibt es keinen Platz für das Chaos wilder, ausgelassener Mädchen, für den Schmutz der chthonischen und irdischen Weiblichkeit oder die Energien bewußter Sexualität; weder wird die Lust des sinnlichen Daseins gefeiert, noch ausgelassen in das Gelächter des Lebens eingestimmt; die Gelegenheiten, der Tochter den mütterlichen nährenden Überlebensinstinkt weiterzugeben, gehen vorüber, ohne daß sie genutzt würden. Die *gute* Mutter legt Wert darauf, ihrer Tochter die Wertschätzung der väterlichen Gesetze zu vermitteln, sie überwacht ihre schulischen Leistungen, fährt sie zur Ballett- und zur Geigenstunde, kümmert sich um ihre Garderobe und ihr gutes Benehmen und hat dabei keine Ahnung, daß die Weiblichkeit ihrer Tochter magersüchtig am Tropf lebt. Es fehlt im Haus der elementare ganzheitliche Charakter des Weiblichen, der nötig wäre, das Geheimnis des Menschseins, und das noch komplexere Wissen des Frauseins zu vermitteln. Diesen Mangel an lebensnotwendigem instinktivem weiblichem Wissen rechnen sich Mutter und Tochter am Ende gegenseitig an.

Wenn jedoch die Wunde, die in so vielen Mutter-Tochter-Beziehungen zutage tritt, als gemeinsame Verzweiflung ohne Schuldzuweisung ertragen wird, kann sich die Göttin als dritte, transzendente Kraft neu konstellieren, und die Heilung beginnt. Den Begriff der »transzendenten Kraft« verstehe ich nicht als einen religiösen Begriff, sondern im Sinne von C. G. Jungs *transzendenter Funktion*, von der die Jungianerin M. E. Loomis sagt: »Mit der Geburt der transzendenten Funktion kommt eine große Ruhe über Sie; Sie fühlen sich mit dem Kern Ihrer Persönlichkeit, einer unveränderlichen, ewigen Mitte verbunden. Es ist, als ob Sie sich plötzlich im Zentrum des Tornados oder des Wirbelwindes befinden.«[79] Daß die Altäre der Göttin zerfallen sind, ist dabei weit mehr eine Chance als ein Nachteil, denn Auferstehung entsteht nicht durch eine Revitalisierung sinnentleerter Rituale, sondern findet innen statt, in einer Re-Vision der weiblichen schöpferischen Kraft.

Die dreifache Göttin

Von einer solchen Initiation einer »mutterverlassenen« Tochter in das Geheimnis des Frauseins handelt das Märchen vom Schneewittchen. Die Initiation beginnt mit der Krise einer Königin (die Königin als Symbol des geltenden weiblichen Selbstverständnisses). Es ist Winterzeit, nichts rührt sich, weder drinnen noch draußen. Die Königin ist erschöpft und weiß nicht mehr weiter; sie sitzt am Fenster, stickt und blickt hinaus in den weißen Schnee. Ihre Konzentration ist gestört, und sie sticht sich in den Finger. Da fallen drei Blutstropfen in den Schnee. Das Weiß des Schnees, das Rot ihres

Blutes und das Schwarz des Fensterrahmens aus Ebenholz, durch den sie schaut, verdichten sich für sie zu einem magischen Bild, einer Vision einer erneuerten Weiblichkeit. Die Königin wünscht sich, eine Tochter zu haben – ein erneuertes weibliches Selbst –, das dieses brillante Weiß, dieses brennende Rot und das tiefe Schwarz verkörpere. Dann stirbt sie – und etwas Neues kann beginnen.

Ein halbes Jahr war vergangen, und in Kathrins Leben hatte sich wenig verändert. Ich wartete auf ein Zeichen, um mich auf eine mögliche Lösung auszurichten. Dann erzählte Kathrin einen Traum:

Ihre Mutter sei tot und liege in einem schwarzen Sarg. Kathrin kann den Sarg nur von weitem sehen, am Horizont; rund um den Sarg erscheinen die Sternbilder des astronomischen Tierkreises.

Der Tod der Königin im Märchen und Kathrins Traum von ihrer Mutter im schwarzen Sarg im Reigen der Tierzeichen, beides sind Zeichen, daß ein initiatorischer Prozeß eingesetzt hat. Initiationen sind nicht logisch erklärbar, sondern werden durch symbolische Gegenstände, Zeichen und Träume begleitet. In der Alchemie der Psyche sind die Traum-Toten im Sarg die *prima materia*, das Ausgangsmaterial des zukünftigen Entwicklungsprozesses; sie sind die festgefrorenen Energien, die in der Kindheit im Fluß gewesen waren und während des Erwachsenwerdens, durch die Orientierung an den äußeren Eltern und an der Gesellschaft, starr, ungeschmeidig und spröde geworden sind.

Schwarz, Weiß und Rot, die drei magischen Farben der Vision der sterbenden Königin, sind auch die Farben der dreifachen Göttin, wie sie sowohl im vorchristlichen mediterranen wie auch im keltischen Raum[80] auftritt. *Schwarz* ist die Farbe des verborgenen Aspektes der Göttin, der sich dem Menschen nie ganz erschließt. Schwarz hat die Bedeutung eines ursprünglichen Wissens, in dem alle Informationen gespeichert sind in einer ungeschiedenen Ganzheit. Im Keltischen ist der Name der schwarzen Göttin *Caillech*, was die *Verschleierte* bedeutet, und in der frühgriechischen Mythologie ist es *Hekate, die aus der Ferne kommt*. Die schwarze Göttin steht für das Mysterium vom Sterben und Geborenwerden, von Auflösung des alten und Rückkehr eines erneuerten Bewußtseins. Wo die schwarze Göttin erscheint, stirbt etwas, und etwas Neues wächst – im Dunkeln.

Orgeluse VII
– Das Sehen

Die sechste Stufe der Initiation

Gâwân, immer noch am Rande der Ohnmacht, hört Schritte und Stimmen, Türen, die ins Schloß fallen, spürt Hände, die seine Wunden verbinden, ihm eine bittere Flüssigkeit einflößen, die ihn endgültig aufweckt. Wie Gâwân sich umschaut, ist das Zimmer voll von Frauen, die miteinander flüstern, Fenster öffnen und sich mit angespanntem Mitgefühl über ihn beugen. Dann sind die Frauen auf einen Schlag verschwunden, und im Raum ist es wieder still und leer. Gâwân erinnert sich an das glänzende Licht oben auf dem Bergfried.

In Träumen genügt manchmal ein einziger Gedanke, um im nächsten Augenblick dort zu sein, woran wir eben gedacht haben. So lag Gâwân eben noch auf dem »gefährlichen Bett«, und mit dem nächsten Atemzug steht er oben auf der Terrasse des Bergfrieds von Schastelmarveille. Zum erstenmal sieht er von nah, was ihn von weitem fasziniert hatte: einen durchsichtigen, unglaublich kompliziert geschliffenen Kristall, ungefähr einen Meter hoch; er war es, der die mittäglichen Strahlen des Sonnenlichtes reflektiert hatte und der jetzt den nächtlichen Glanz der Sterne zu einem schimmernden Licht mit unbeschreiblicher Stärke, Klarheit, Schärfe, Vielfalt und Farbenprächtigkeit verdichtet; das Licht durchdringt Gâwâns Kopf wie mit tausend winzigen Messern. Aus den sich spiegelnden und schneidenden Flächen kommen ihm Bilder seiner selbst entgegen, so lebendig und wirklich, als wäre es hier und jetzt, als träumte er alle seine Träume gleichzeitig, aufgesplittert in unzusammenhängende Szenen: Er sieht einen jungen Mann über die Hochmoore Lothiens reiten; er erkennt das kleine Kind bei seiner

Mutter auf Dunpeldyr, das mit Kieseln spielt; er kämpft an Arthurs Seite in der Schlacht und stirbt; er sieht den Garten von Orgeluse in seiner längst vergangenen Pracht, jetzt Orgeluse selbst, wie sie ihm durch den Garten entgegenkommt in einem blauvioletten Kleid, das über und über mit Sternen bestickt ist; er geht ihr entgegen, in den spiegelnden Stein hinein.

Da hört er ein schneidendes Geräusch, als ob etwas risse und sein Körper auseinanderfiele, als ob der Leim, der die Teile seiner Welt bisher zusammengehalten hatte, ausliefe. Was von ihm übrigbleibt, das ist ein Ich, das in schwindliger Schwerelosigkeit im Raum schwebt, ohne eine bestimmte körperliche Identität. Das, was einmal sein Ich gewesen war, wirbelt nun um ihn herum, wird zu einer Schar Vögel; die Vögel steigen hoch in den Himmel und verwandeln sich in kleine bunte Glassplitter, die vom Wind weggetragen werden. Gâwân sieht die Erde ihm entgegenkommen und sich gleichzeitig entfernen; sie dehnt sich aus und zieht sich wieder zusammen, als atmete sie; ihre Farben glühen wie flüssiges Glas; die Luft ist von einem leisen Sirren erfüllt, ein Murmeln und Summen ohne erkennbaren Rhythmus.

Gâwâns Kopf fühlt sich taub an, unfähig, einen einzigen Eindruck festzuhalten. Es ist, als ob tief in ihm drinnen ein Punkt existierte, auf den alle Linien seines Lebens zuliefen, angezogen wie von einem magnetischen Pol, der alle seine Wünsche, Hoffnungen und Ängste, die sein Leben ausmachten, bündelt und ihn in einem einmaligen Energieausbruch über die Grenzen seiner bekannten Welt hinauskatapultiert. Gâwân verliert das Bewußtsein.

Das nächste, was er spürt, ist kühles Wasser, das über sein Gesicht läuft. Von weit her hört er Orgeluses Stimme und schafft es nicht, die Bedeutung ihrer Worte zu verstehen. Wie er versucht, die Augen aufzuschlagen, hat er keine Gewalt über seine Augenlider, vermag nicht den winzigsten Muskel zu rühren. Er verharrt in dem leuchtenden Dunkel und dem Gefühl der Vollkommenheit, das damit verbunden ist.

Kathrin V
– Die rote Hexe

Weibliche Dschungelnatur

Kathrins Depression hellte sich auf, der Klammergriff ihres »Verfolger-Ichs« lockerte sich; sie unternahm verschiedene Anläufe, ihr Leben neu zu erfahren, ohne sich vorläufig im klaren zu sein, was sie wollte und was nicht. Sie verliebte sich und hoffte, daß sie in dieser Beziehung eine neue Rolle als erwachsene Frau finden würde.

Im Märchen von Schneewittchen heiratete der König, nachdem ein Jahr verstrichen war, eine neue Königin. Die Neue, die von da an die Herrschaft im Schloß ausübte, war rücksichtslos, eifersüchtig, »hysterisch« und unberechenbar. Es war vorbei mit den ruhigen Zeiten; jetzt war eine Frau im Haus, mit der nicht gut Kirschen essen war.[81]

Kathrin findet die böse Stiefmutter zwar bedrohlich und nervtötend, aber auch befreiend in ihrer Ehrlichkeit, ihren »unverschämten« Emotionen im Spiegel ins Gesicht zu schauen.[82] Sie wünschte sich, ihre Mutter hätte etwas davon gehabt, dann hätte sie sich möglicherweise weniger schuldig gefühlt, daß sie nicht die war, die sie sein sollte.

Die böse Stiefmutter hat noch einen umfassenderen Aspekt, der über die Schwierigkeiten der »Stief«Mutter-Tochter-Beziehung hinausgeht: Sie verkörpert den roten, den Wandlungsaspekt der dreifachen Göttin. Rot ist die Farbe der Lebensbewegung, der Emotionalität, der Affektivität und des Hingerissenseins.

»Wo Rot aufleuchtet, ist die Seele aktionsbereit, setzt Eroberung und Leiden ein, ist Hingabe, aber auch Bedrängnis, vor allem Gefühlsbeziehung.«[83] In Kathrin gärte es, und lange war es nicht klar, was dabei herauskommen würde. Im Märchen bringt der Zauberspiegel eines Tages die Wahrheit ans Licht und sagt der Königin, daß Schneewittchen schöner geworden sei als sie selbst – der Zapfen ist ab und der Geist heraus aus der Flasche. Der Affekt, die innere Bewegung, die im Untergrund geköchelt und für heimliche Unruhe gesorgt hatte, bricht sich Bahn. Es hatte sich in Kathrin ein ganzes Arsenal an Ärger, Frust, Sehnsucht, Wut und Verzweiflung angesammelt, und es wird ihr bewußt: So kann es nicht mehr weitergehen! Sie kann vor sich selbst nicht mehr verbergen, daß sie eine andere geworden ist und daß diese andere darauf drängt, sich zu zeigen, auszudrücken und die »Geschäftsleitung« zu übernehmen. Auch Kathrin fühlte sich bis dahin als »Schönste im Lande«, etwas Außergewöhnliches eben. Jetzt ist sie sich dessen nicht mehr so sicher; zumindest hat es seine Bedeutung verloren.

Im Märchen soll der Jäger Schneewittchen in den Wald hinausführen und es dort töten. Die Hexe dürstet nach dem Blut ihrer Stieftochter. Doch anstelle von Schneewittchen tötet der Jäger ein Tier, entnimmt ihm Lunge und Leber und bringt alles der Königin. In den Eleusinischen Mysterien im alten Griechenland mußte sich der Initiand in eine Erdgrube legen, über der ein Gitter aufgebaut war, auf dem ein Tier geopfert wurde; Blut tropfte herab – Schrecken der neuen Geburt, selbst wenn es »nur« symbolisch gemeint ist.[84] Das Blut symbolisiert wie kein anderer Stoff die strömende Lebendigkeit der Emotionen; es gibt keine Wandlung ohne Emotion.

Auch im konkreten Leben von Kathrin erzählen »rote« Affekte von der Rückkehr der *Herrin* in ihr angestammtes Haus. Es ist für eine Vätertochter wie Kathrin, die in allem, was sie tat, kontrolliert und verantwortungsbewußt war, nicht einfach zu ertragen, in den dunklen Wald hinausgejagt zu werden, in die innere Natur, um mit ihren Instinkten und Leidenschaften konfrontiert zu werden. Außerdem fürchtete sie sich panisch davor, nicht mehr gesellschaftsfähig zu sein!

Ihre Ängste sind nicht unberechtigt. Frauen, die eine schöpferische Entwicklung durchmachen, werden von der Gesellschaft auf eine Weise ausgegrenzt, wie es Männern selten zustößt. Diese Frauen verkörpern scheinbar alle karikierten Unarten des »unweiblichen Verhaltens«: Sie werben nicht, sie gefallen nicht, sie sind nicht einfühlsam, sie haben kein Verständnis für andere, und es ist ihnen gleichgültig, was man von ihnen denkt; sie sind durch den eigenen schöpferischen Prozeß viel zu sehr absorbiert. Das gilt selbst am Ende des 20. Jahrhunderts immer noch als weitgehend unakzeptables weibliches Verhalten.

Die rote Göttin zeigt sich auf verschiedene Weise. Einmal ist sie eine reinigende Wut, die alte Beziehungen umkrempelt und den Weg freimacht für neues Wachstum. Ein andermal erscheint sie als *Ananke*, Göttin der Notwendigkeit, und verlangt zu einem Zeitpunkt, der äußerst unpassend kommt, daß wir für ein unerwartet krank gewordenes Kind sorgen müssen, oder wir bekommen Grippe an dem Tag, an dem wir in die Ferien fahren wollten. Dann wieder ist sie *Artemis*, die scharfblickende Jägerin in uns, die die harte Konfrontation nicht scheut, sich unmißverständlich ausdrückt, nachfrägt und wissen will, mit was und wem sie es zu tun habe. In einer anderen Phase ist die rote Göttin die instinktsichere Mutter in uns, wenn wir zu uns selbst stehen und eine neue Idee oder ein Projekt geboren werden will.

Ohne Kontakt zur »roten Hexe« entwickeln Männer wie Frauen eine unrealistische Einstellung sowohl dem Dunklen-Zerstörerischen wie dem Schöpferischen in sich gegenüber. Oder wie Erich Neumann es sagte: »Sie bleiben damit ›nur bewußt‹ und werden dadurch in eine Art Geistschoß festgehalten, der sie nicht an die fruchtbare weibliche Seite, an des schöpferische Unbewußte herankommen läßt.«[85]

Der neue Lebenspartner begegnete Kathrins nervösen Ausbrüchen, ihren egoistisch-rücksichtslosen Forderungen, ihren Selbstbeschuldigungen mit einer Haltung milder Toleranz. Auf ihr dramatisches Verhalten reagierte er mit einem unerschütterlichen gelassenen Humor und geduldigem Abwarten. Kathrin war immer allein aus der Fassung, allein verärgert, ging durch überwältigende emotionale Umwälzungen, ohne daß es ihrem neuen Partner wirklich gelang, daran Anteil zu nehmen. Er lehnte es ab, Kathrins primitive emotionale Ebene zu betreten, und verweigerte eine persönliche Reaktion auf ihre Eifersucht, ihre Ängste, ihre Kämpfe.

Möglicherweise, wenn er Kathrins emotionale Herausforderung hätte annehmen können, sich in ihre Spiele eingelassen hätte, wenn er sich nicht hinter die Mauern eines objektiven Verständnisses zurückgezogen hätte, wäre eine Intensivere Nähe zwischen ihnen entstanden. Aber Kathrins Freund irritierten solche Vorspiele des sinnlichen Verlangens der weiblichen Dschungelnatur mehr, als daß sie ihn anmachten. Er nahm wohl wahr, wie Kathrins Haar sich elektrisierte, ihre Augen funkelten, wie ihr Gesicht lebendiger, ihr Körper unruhig und sprunghaft wurde, blieb aber in sicherer Distanz und wies für sich die Möglichkeit zurück, sich davon verführen zu lassen. Wenn ihre Launen und emotionalen Höhenflüge ausbrachen, wenn sie in Wut und Leidenschaft umarmt werden, die Wärme und Stärke ihres Gegenübers fühlen wollte, dann wünschte sie sich, daß daraus etwas entstehen würde. Wie konnte Kathrin ihre primitiven, bewegenden, faszinierenden Gefühle akzeptieren, wenn sie in einer Welt leben mußte, in der sie niemanden antraf, der bereit war, sie mit ihr zu teilen. Sie fühlte sich lebendig begraben.

Kathrin verzweifelt und beginnt unter Weinen und Toben zu verstehen, daß dies nicht das Ende der Beziehung sein muß, daß dieser Aspekt ihres sich individualisierenden weiblichen Selbst, der keine Abhängigkeit und keine Unterwerfung kennt, möglicherweise auf etwas anderes aus ist als auf eine Beziehung zu einem Mann.

Ein modernes Schneewittchen, irritiert und verlassen, irrt Kathrin durch den Wald ihrer instinktiven Natur, unfähig, ihre emotionalen Turbulenzen von Verlassenheit, Selbstmitleid und Wut strukturieren und verstehen zu können. Mit der emotionalen Naivität der Vätertochter ist sie überzeugt, daß Wissen Macht sei und daß sich schon eine Lösung einstellen würde, wenn sie nur lange und gründlich genug nachdenken könnte; doch irgendwie will das nicht gelingen.

Indem die »Herrin des Hauses« Kathrin, die Vätertochter, in den Wald hinausjagt, zwingt sie sie, über ihre angelernten Vorstellungen, über sich selbst hinauszutreten. Bevor sich ein neues Selbstverständnis entwickeln konnte, mußte Kathrin ihren alten Kollektivwerten entwachsen – nicht, indem sie sie abschaffte oder gegen sie rebellierte, sondern indem sie sie hinter sich zurückließ. Über die Bedeutung der Emotionen – der wilden Tiere des Waldes – in der Entwicklung der individuellen Persönlichkeit schreibt Jung: »Konflikt erzeugt das Feuer der Affekte und Emotionen [...] Emotion ist nämlich die Hauptquelle aller Bewußtwerdung. Es gibt keine Wandlung von Finsternis in Licht und von Trägheit in Bewegung ohne Emotion.«[86]

Kathrin plante weniger im voraus und riskierte es, spontan aus der Situation heraus zu reagieren. Ihre Rolle als Haushälterin des »Geistes mit Hut« zu kündigen, authentisch mit ihren Impulsen zu sein und ihrer Inspiration zu vertrauen, war eine ständige Grenzüberschreitung; Abstürze waren nicht zu umgehen. Konkret fürchtete sich Kathrin, von ihren männlichen Kollegen aus der Abteilung »vernichtet zu werden«; sie erwartete das Ende ihrer Karriere. Wenn es für Kathrin ein Synonym für »vernichtet werden« gab, dann war es das: Mißbilligung und Ärger auszulösen, zu versagen und den männlichen Respekt zu verlieren, nicht ernst genommen zu werden; sich schlimmstenfalls lächerlich zu machen. Das passierte ihr auch prompt mehrere Male, und dabei fand sie heraus, daß es zu überleben war, daß der »Geist mit Hut« offenbar nicht ganz so mächtig war, wie sie angenommen hatte. Diese Einsicht wird zum Wendepunkt. »Es hat durchaus seinen Reiz, sich dem zu stellen, was solche Angst macht«, sagt sie nach einer solchen Erfahrung, »es ist ein Gefühl, als würde ich im nächsten Moment vernichtet und im Schlund eines feuerspeienden Drachen für ewig verschwinden, und gleichzeitig ist es auch ein Gefühl, daß das Leben sich lohnt, gerade dann, wenn es unerträglich gefährlich erscheint.«

Auf diese Weise lernte Kathrin, es zu ertragen, von Stimmungen und Launen abhängig zu sein, dieses unvermeidliche Eingeständnis, daß sie nicht die war, die sie sich vorgenommen hatte zu sein. Mit schöner Regelmäßigkeit klopfte die »rote Hexe« an die Türe, setzte Kathrin einen neuen »Floh ins Ohr«, ließ sie in einen faulen Apfel beißen: Ärger in der Arbeit, Enttäuschung in den Beziehungen, ein peinlicher Fauxpas, Niederlagen, die alles wieder aufs neue aufwühlten. Auf diese Weise vergingen zwei Jahre. Kathrin ging aus den Dramen ihrer Niederlagen gestärkt hervor, gewann durch die wachsende Authentizität persönliche Autorität und spürt nun, daß sie von ihren Kollegen ganz anders respektiert wird als früher. Sie gesteht sich ein, daß die heimliche Versuchung zur Unterwerfung unter den »Geist mit dem Hut« noch lange nicht vorbei sei, daß die alte Sucht, die Beste und Schönste zu sein, ohne die zweideutige Unterstützung der »roten Hexe« sich weiterhin ihrer bemächtigen würde. Das hilft ihr, die Zweideutigkeiten, in die sie durch ihren Hexentanz immer wieder gerät, zu ertragen: Ach verkaufe mich nicht mehr für eine Anerkennung und halte die Unsicherheit – meistens – aus. Erstaunlicherweise werden meine Vorschläge in den meisten Fällen respektvoll goutiert, auch wenn es natürlich weiterhin versteckte Diffamierung und offenen Ärger gibt, und das nicht zu knapp.«

Die Schätze werden gehoben

Schneewittchen erreichte, nachdem es eine lange Zeit im Walde herumgeirrt war, schließlich das Häuschen der sieben Zwerge. Die

Zwerge gehören wie der Jäger ins Reich des Großen Weiblichen, dessen Bereich sie nie ganz verlassen; da sie unter Tag arbeiten, sehen sie kaum das Tageslicht und kommen erst in der Dämmerung nach Hause.

Jung beobachtete, daß Zwerge vor allem in den Träumen und Imaginationen von Frauen auftauchen. Sie sind das innere Feuer der Frau, ihre ungezähmte, ekstatische Imagination, die ihre Kreativität und Ausdrucksfähigkeit zu neuen Höhenflügen antreibt. Die Zwerge kennen die verborgenen Pfade zum inneren Wissen, den Schätzen der Psyche, zu den Gold- und Silberadern und kostbaren Edelsteinen, die unter dem unerbittlichen Druck der Erdkrusten im Laufe der Jahrtausende entstanden sind; sie verwandeln die groben Felsbrocken – heimliche Ahnungen, Unaussprechliches, unformulierbare Wünsche – in ihren Schmelztiegeln unter großer Hitze in reines Metall; sie hämmern, schmieden und polieren die anfänglich noch trüben Visionen und Inspirationen und hinterlegen ihre Gaben an den Grenzlinien von Traum und Tag. So kommt es, wenn wir mit der Zwergenwelt in gutem Kontakt sind, daß wir tagsüber ganz zufällig über unerwartete Zufälle und plötzliche Einfälle stolpern. Entwickeln wir eine respektvolle Aufmerksamkeit den Spuren der Zwerge gegenüber, können daraus erstaunliche Entwicklungen entstehen – und manchmal auch ganz tolle Nieten. Kathrin drückte es so aus: »Die andern sind sehr oft unsicher, wie sie meine Einfälle einordnen sollen; in der Regel werden sie erst mal überhört oder spöttisch-herablassend kommentiert – zwei Tage später freilich wird dann ›ernsthaft‹ darüber diskutiert – auf Männerart.«

Die Unscheinbarkeit oder gar Mißgestalt der Zwergwesen ist ein Bild dafür, wie schwer sich der Verstand im Umgang mit dem intuitiven Wissen tut, mit den spontanen Einfällen und Inspirationen, die sich anfänglich weder richtig einschätzen noch einordnen lassen. Intuitive Einfälle stehen oft seltsam quer, irritierend und mißgestaltet zwischen den gewohnten Denkmustern. Kathrin findet heraus, daß sie ihre Kreativität am besten umsetzt, wenn sie nicht allzulange darüber spekuliert, was dabei herauskommen wird, sondern den Zeichen, die ihr die Zwerge hinterlegen, folgt und handelt. Mehr als einmal stellte sich heraus, daß die Idee, der sie nachging, völlig daneben war, ihr jedoch eine Türe öffnete, die sie sonst niemals gefunden hätte.

Ada McGrath VIII
– Die Rückkehr in die Welt

Die verletzte Hand bandagiert, in einer Schlinge an den Körper gepreßt, verläßt Ada McGrath das Haus von Alisdair Stewart. Sie hatte sehr viel Blut verloren und ist noch bleicher als sonst. George Baines wartet draußen auf sie mit Flora an der Hand, die nach dem traumatischen Ereignis zu ihm geflüchtet war. Stewart, durch die Ereignisse von seinem bisherigen Selbstverständnis verlassen, wünscht sich, den Mann wiederzufinden, der er früher einmal war. Er fühlt sich erleichtert, wie er die Frau, die sich weder besitzen noch zerstören ließ, im Dschungel verschwinden sieht.

Am Ufer wird ein großes Mariboot mit Adas Hab und Gut beladen; auch das Rosenholzpiano ist darunter, es ist mit Tauen fest verzurrt, deren Enden zusammengerollt unter den Füßen von Ada liegen. Die Maoris rudern das schwerbeladene Boot der offenen See entgegen. George hält Adas unversehrte Hand. Doch eine Prüfung ist noch zu bestehen, bevor das Tor zur Oberwelt sich gänzlich öffnet und der Weg zurück vom Ende der Welt und hinaus ins offene Leben frei sein wird. Einem plötzlichen Impuls folgend, gibt Ada in Zeichensprache zu verstehen: »Das Piano muß über Bord.« George zögert vorerst, aber Ada besteht darauf. Nun heben die Maoris die Planken an, auf denen das Piano steht, das schwere Instrument kommt ins Rutschen und klatscht ins Wasser. Ada beobachtet geistesabwesend, wie die Taue, mit denen das Piano festgezurrt war, sich abzurollen beginnen, und stellt ohne nachzudenken den einen Fuß mitten in den Ring aus Tau. Das Tau strafft sich, schlingt sich mit Klammergriff um ihren Knöchel und reißt Ada aus dem Boot heraus, nach unten, in die Tiefe der See.

Mit offenen Augen sinkt Ada tiefer und tiefer. Die Maoris, die nach ihr tauchen, erreichen sie nicht mehr. Wunderbare Stille breitet sich aus. Die Vorstellung einer endgültigen Heimkehr, der süß-schmerzliche Gesang des Todes, der alle ihre Probleme lösen würde, greift mit weichen Armen und streichelnden Händen nach Ada. Sie braucht nichts weiter zu tun, als diesem Drängen nach-zugeben. Wie sie mit unaufhaltsamer Geschwindigkeit tiefer sinkt, spulen die Bilder ihres Lebens in rasender Geschwindigkeit ab, ein Film, der im Leeren dreht. Was für eine Erlösung, zusammen mit »Cecilias« Piano mit der dunklen Tiefe, die sich unter ihr auftut, zu verschmelzen. Eine unwiderstehliche Versuchung.

Etwas, das sich Ada entzieht, entscheidet sich an diesem tief-sten Punkt ihrer Reise für das Leben. Dieses Etwas beginnt zu kämpfen, und nach wiederholter Anstrengung gelingt es ihr, mit dem zweiten Fuß den festgehaltenen Stiefel abzustreifen. Piano und Stiefel setzen ihre lautlose Reise zum Grund des Meeres ohne Ada fort. Adas Körper hingegen strebt befreit der Oberfläche entgegen. Die tauchenden Maoris kommen ihr zu Hilfe und heben sie ins Boot, dem Leben und George Baines entgegen.[87]

Ada und George lassen sich in einer kleinen Hafenstadt Neu-seelands nieder und kaufen sich da ein hübsches Haus. Ada übt Konsonanten, die ihrer Kehle und ihren Lippen vorläufig noch fremd sind; sie erschrickt vor dem Lärm der eigenen Stimme, gewöhnt sich nur langsam, widerstrebend, daran. George kommen seine alten Beziehungen zu den Maoris zugute, und er eröffnet ein Handelsgeschäft, das die Familie ernährt. Ada gibt Klavierunter-richt, und Flora geht in die öffentliche Schule.

George hatte Ada eine Fingerspitze aus Metall angefertigt. Es erfüllte Ada mit einer tiefen Befriedigung, sie zu tragen, als ein sichtbares Zeichen dafür, daß sie die Begegnung mit dem Unge-heuerlichen und Undenkbaren riskiert – und bestanden hatte. Sie empfand eigentliches Wohlbehagen darüber, daß dieses metallene Ding sich so unnatürlich, kalt, geradezu monströs anfühlte. War nicht auch der Versuch, ein Leben mit Rechnungen, Schulstun-denplan und Klavierunterricht zu führen, mit neuen Schuhen und einer lauten und festen Stimme, an sich etwas Unnatürliches, Gewaltsames und Monströses?

»Gemeinsam lebten die drei wie Schiffbrüchige, anfangs verzagt und verängstigt, doch mit der Zeit fanden sie Gefallen an ihrem neuen Dasein und fragten sich staunend, welch gnädigem Umstand sie wohl ihre Rettung verdankten.«[88]

Wie die Tage geschäftig kommen und gehen, bleibt Ada kaum Zeit für ihr altes Spielen, und »Cecilias« Stimme wird zu einem fernen, halbvergessenen Klang. Doch nachts, in ihren Träumen, erinnert sich Ada an ihr Rosenholzpiano in der schweigenden Stille des Meeres und sieht sich selbst, wie sie darüber schwebt und dem Schweigen zuhört, einer Stimme, die ihr so vertraut, so nah ist wie ihr eigenes Haar.

Kathrin VI
– Die Rückkehr der Herrin des Hauses

Schneewittchen liegt bewegungslos im gläsernen Sarg, in der Tiefe des Waldes; die Zwerge gehen auf Zehenspitzen, und der Wald hält den Atem an. Das Märchen sagt uns nicht, wie lange es ging, bis die Metamorphose schließlich vollzogen war und die Zeit kam, da Schneewittchen ins Leben zurückkehren sollte. Die Bewegungen der Psyche geschehen auf rhythmische Weise – wie alles im Reich der Natur; und nicht nur die Natur, auch der Geist reift im Rhythmus der Zeit. Wo logisches Denken gefordert ist, da ist es anders, da hängt alles davon ab, daß der Kopf klar weiß, welcher Weg zu gehen ist und welche Entscheidungen zu treffen sind. Doch wenn es darum geht, Gefühle, Wahrnehmung und intuitive Erkenntnis zu integrieren, sich selbst zu wandeln und den Weg des Herzens zu gehen, wird der Rhythmus und das Tempo der Wandlung nicht vom Kopf bestimmt; was sich im Innern des Kokons vollzieht, bleibt lange Zeit im dunkeln, und der Verstand verzweifelt.[89]

Schneewittchen im gläsernen Sarg, das ist die Stille auf Schastelmarveille, nachdem das »gefährliche Bett« angehalten hat, es ist die Stille im innersten Zentrum des Herzens der Zisterzienser Nonne, bevor sie in die Welt zurückging. Es ist die Stille der Göttin in ihrem weißen Aspekt, die dem Windhauch, mit dem sie den Schlafenden Weisheit schenkt, vorausgeht. Die weiße Göttin symbolisiert die Kraft der Unschuld und des Neubeginns, sie steht für ursprüngliche Weisheit, wachsendes Bewußtsein und repräsentiert die kreativen Impulse der zukünftigen kulturellen Entwicklung. Ihre Funktion ist es, Inspiration zu vermitteln. Sie erscheint stets als junges Mädchen, als *Maiden*, ist Frühlingsgöttin, nicht nur im biologischen Sinne, sondern ebenso als Ausdruck eines sich erneuernden seelischgeistigen Prozesses.

So kam die Nacht, in der Kathrin träumte, daß ein großes Fest gefeiert werde und sie den verstümmelten schönen jungen Mann aus dem Wald, endlich ganz und heil, in ihre Arme schloß:

Ich befinde mich auf einem rauschenden Fest in Arabien, die ganze Stadt ist auf den Beinen. Bunte, goldbestickte Tücher hängen aus allen Fenstern, und die Luft überschlägt sich in Wohlgerüchen. Obwohl es ein sehr altes, traditionelles Fest ist, sind es moderne Menschen, die sich durch die alten, engen Straßen drängen; sie tragen zumindest teilweise europäische Straßenkleidung, kosten von den Süßigkeiten in den Bazaren und lassen sich von den Händlern Schmuckstücke mit der feinziselierten orientalischen Ornamentik zeigen. In riesigen schwarzen Töpfen wird Essen gekocht, vor allem Reisgerichte. Es ist die Aufgabe von schwarzgekleideten Mullahs, darauf zu achten, daß nichts Unreines hineinkommt.
Während ich mich langsam zusammen mit der Menge vorwärts bewege, kommt mir der älteste Prinz des Palastes entgegen. Ich kenne ihn, ohne daß ich wüßte, woher. Der Prinz läßt, wie er mich sieht, von zwei seiner Männer ein Schmuckstück mit einem riesigen Diamanten herbeibringen, um ihn mir zu zeigen. Ins Innere des Diamanten ist das Gesicht der Göttin geschnitten; es sind ein paar wenige runde Schnitte im Stein, die die Vorstellung ihres Bildes beim Betrachter auslösen. Der Prinz erzählt mir, daß er diesen Diamanten, der sonst im Heiligtum aufbewahrt werde, heute abend auf dem Höhepunkt des Festes tragen werde. Ich denke an die schwarzen Mullahs und spüre Angst; werden sie das Erscheinen der Göttin auf dem Fest akzeptieren? Ohne daß es mir gelingt, mich konkret zu erinnern, weiß ich, daß schreckliche Dinge passiert sind und wieder passieren können. Doch der Prinz lächelt und zeigt auf die Wächter, die sich in der Nähe befinden; da entspanne ich mich, und einem plötzlichen Impuls folgend, umarme ich den Prinzen und sage: »Ich liebe dich so sehr; jeder Windhauch bringt mein Herz zum Erzittern.«

Die prägenden Auseinandersetzungen, Kämpfe und Konflikte bleiben uns ein Leben lang treu; sie sind die Fäden des Torques, den wir tragen, solange wir leben. Wir verzweifeln immer wieder aufs neue an unserer Wunde, spüren den alten Schmerz und erkennen unser inneres Wachstum einzig an unserer veränderten Haltung. Im Traum zittert Kathrin aus alter Erfahrung um den »Sohn der Herrin«, der den Diamanten der Göttin auf dem Fest tragen will. Was sich geändert hat, ist Kathrins Haltung der Anteilnahme und ihr Gefühl der Verbundenheit. Die Mullahs sind weiterhin präsent als Hüter der Ordnung im Fest des Lebens; doch sie sind nicht mehr die Herren, sondern auf eine dienende, konstruktive Weise in das Leben integriert, ihre Aufgabe ist definiert. Auch der Prinz hat seine ihm zustehende Stellung gefunden, obwohl Kathrin fürchten muß, daß die Mullahs die neue Ordnung nicht ohne weiteres akzeptieren. Kathrin spürt die alte Angst. Doch diesmal ist sie nicht gelähmt und steht nicht gefühllos daneben. Sie hält die Liebe und die Angst aus und vermag beides auszudrücken.

Der Traum und die Erfahrung ihrer Liebe zum »Sohn der Herrin« lassen Kathrin ihren Partner im Leben in einem neuen Licht sehen. Es war nicht seine Aufgabe, ihr Prinz zu sein und sie ganz und gar zu verstehen. Daß er es mit ihr aushielt, ihr zuhörte, ohne sie gleich mit Ratschlägen einzudecken, war schon viel. Außerdem kochte er gut und gerne, und Kathrin fand, daß dies einer Beziehung eine äußerst solide Basis gäbe. Daß er sie manchmal, nicht zu oft, in die Arme nahm, um sie zu trösten, war wunderbar. Es blieb genügend Distanz zwischen ihnen, die jedem den Raum gab, in seinem eigenen Universum zu kreisen.

Daß Felix, Kathrins Partner, nicht der war, den sie sich ursprünglich erhofft hatte, ließ sie sogar seine Mischung von Vorzügen und Nachteilen besser erkennen und tiefer lieben. Es war ihr recht, daß er auf der Hut war, besonders vor ihr, störrisch auf dem bestand, was er für richtig hielt. Es beruhigte sie, wenn er sie manchmal haßte und fürchtete und die Türe hinter sich zumachte, so wußte sie, daß ihre Liebe noch intakt war. Sie wollte ihm kein Trost sein und kein Schlummertrunk vor dem Einschlafen; sie genoß ihre kleineren und größeren Streitereien, auch wenn sie daran verzweifelte, und sie gestand sich ein, daß sie das Feuerchen waren, das ihre Sexualität aufs neue hell auflodern ließ.

So entstand im Rhythmus des Auf und des Ab von Sehnsucht und Verzweiflung Kathrins eigenes Universum. Alle Metamorphosen – ob von der Raupe zum Schmetterling oder von einer Person zu einer gewandelten Persönlichkeit – sind ein Wunder und schließlich nicht zu erklären.

Auch wenn Schneewittchens Metamorphose Hexenwerk ist, bedeutet dies nicht, daß im Prozeß der weiblichen Selbstfindung nicht auch die Väterstrukturen ihre Bedeutung hätten, weniger weil sie das Geschehen direkt beeinflussen, als weil sie ihm den notwendigen Rahmen geben.[90] Bei Schneewittchen beginnt alles damit, daß eine sterbensmüde Königin hinausschaut durch den rechteckigen, stabil gezimmerten Fensterrahmen der Väterwelt, hinaus ins Freie, in ihre eigene innere Natur. Durch den Fensterrahmen, durch den die Königin schaut, schauen auch wir, die wir der Geschichte zuhören; der Rahmen gibt uns den Ausblick, mit dessen Hilfe wir das schwer Verständliche zu fassen versuchen und ihm einen Platz in unserem Leben geben. Auch individuelle Entwicklung bleibt abhängig von den gültigen kulturellen und sozialen Rahmenbedingungen, die von den schwarzen Mullahs gehütet werden. Das kollektive Weltbild bildet nun einmal das feste Rechteck, innerhalb dessen Grenzen wir erzogen wurden. Ob dies als Scheuklappe und absolute Begrenzung verwendet wird, das hängt von seinem Benutzer ab. Der Fensterrahmen bewahrt uns im positiven Sinn davor, uns zu weit aus dem Fenster zu lehnen, im negativen Sinn wird er zu einem Brett vor dem Kopf. Auch Kathrins Entwicklung mußte sich innerhalb eines gesellschaftlichen und ökonomischen Rahmens vollziehen, in dem ihr Leben sich abspielte. Der Rahmen setzte ihr Grenzen, die ihre Entwicklung einerseits einschränkten, sie aber zur gleichen Zeit auch schützten.

Wenn der »Geist mit Hut« in Kathrins Leben auch seinen alten Rang verloren hatte, so behielt er doch seine Bedeutung. »Er ist weiterhin da, ist kritisch und anspruchsvoll und sorgt für Ordnung«, beschreibt ihn Kathrin, »und er findet mit seinem Mißtrauen jedesmal ein Haar in der Suppe. Ich muß verdammt aufpassen, daß er seine Grenzen nicht überschreitet und sich nicht wieder als der Herr aufspielt, der er einmal war. Doch wenn er etwas von mir will, muß er den Preis nennen, den er verlangt. Ich entscheide dann, ob es mir diesen wert ist oder nicht.«

Der Kokon war geplatzt, der Schmetterling war frei, und Kathrin lebt – nein nicht glücklich und zufrieden, sondern manchmal glücklich, manchmal verzweifelnd, auf dieser Erde. Und wenn im Schneewittchen-Märchen die rote Hexe am Ende verschwindet, so trifft dies in Kathrins Geschichte zweifellos nicht zu. Das letzte, was ich von Kathrin gehört habe, ist, daß die rote Hexe wieder einmal ein Feuerchen gezündet habe und der Haussegen zwischen ihr und Felix total schief hänge. Kathrins Stimme am Telefon klang warm, aufgeregt und zufrieden.

Orgeluse VIII
– Die Reise zwischen den Welten

Der Gral, haben wir zu Beginn erfahren, wechselt mit Leichtigkeit von einer Dimension in die andere, von der sichtbaren in die unsichtbare Welt und vice versa. Etwas davon schleicht sich unweigerlich auch in die Geschichten ein, die von der Suche nach dem Gral handeln. Das Wunderbare und das Alltägliche liegen so nahe beieinander, daß die Übergänge konsequenterweise fließend sind, wie es dem keltischen Denken entspricht, das zwischen Helligkeit und Dunkel das Zwielicht als Drittes setzt.

So bleiben für uns nach der letzten Episode des Orgeluse-Mythos Fragen offen. Was hat es mit dem wunderbaren Kristall auf sich, der Gâwân von einer Dimension des *Sehens* in eine andere katapultierte. Und Orgeluse? Was für eine Rolle spielt sie in den Ereignissen auf Schastelmarveille? Hat sie gewußt, in welches Abenteuer sie Gâwân schickte, als sie ihn verleitete, auf die andere Seite des Flusses überzusetzen. Keine der überlieferten Geschichten gibt uns eine gültige Antwort. Alle sind sich einig, daß Orgeluse eine gefährliche Frau sei und Gâwân möglicherweise der einzige Ritter, der sich ihr ohne Gefahr für sich selbst nähern konnte. Welche Schlüsse daraus zu ziehen sind, hängt vom jeweiligen Zeitgeist ab. Ist Orgeluse eine Femme fatale, oder ist sie möglicherweise eine Verkörperung der Göttin selbst, oder ist sie einfach eine Frau, die sich nicht beugen wollte vor einer Macht, die glaubte, über sie verfügen zu können?

So bleiben die Fragen nach dem wunderbaren Stein und der Echtheit von Gâwâns Erfahrungen auf Schastelmarveille letztlich unbeantwortet. Das bedeutet nicht, daß es in den Dimensionen der weiblichen Spiritualität keine »objektiven Wahrheiten« gibt, doch sie können nicht buchstäblich vermittelt werden, sondern sie lassen sich erst durch die eigene Erfahrung entziffern, und ihre Gültigkeit erprobt sich am Widerstand der Erde. Was für einen Sternenglanz die Frauen von Schastelmarveille beim Anblick des wunderbaren Kristalls auch eingefangen haben, am Ende erkannten sie, daß es darauf ankommt, mit dem Schimmer dieses Glanzes die Erde zu *sehen*. Das war die letzte Lektion, die die vierhundert Frauen und vier Königinnen erhielten. Darauf verließen sie Schastelmarveille; es gab keinen Zauberer mehr, der dies hätte verhindern können.

Kehren wir zu Gâwân zurück. Als sich sein Bewußtsein wieder zu regen begann, strömten die Einzelheiten von dem, was er auf Schastelmarveille erfahren hatte, in sein Gedächtnis zurück, und er konnte sich wieder orientieren. Mit großer Kraftanstrengung öffnete er die Augen, tastete mit den Händen seinen Körper ab, um zu begreifen, wer er war, wo er war. Es war eine warme Nacht, und der neue Mond stand klargeschnitten hoch über dem Horizont. Orgeluse schlief zusammengerollt im Gras. Gâwân konnte erkennen, daß er neben dem Ankerplatz der Fähre im Schatten eines großen Gebüsches lag, dem gleichen Ort, wo Orgeluse ihn am späten Nachmittag verlassen hatte, nachdem sie ihn darauf gestoßen hatte, wie das gesuchte Schastelmarveille zu finden sei. Einige Meter entfernt konnte er die Silhouette von Gringuljete ausmachen.

Gâwân stand auf und stapfte einige Male hin und her, um sicher zu sein, daß dies nicht ein Traum sei. Orgeluse, wach geworden, beobachtete ihn wortlos.

»Wo sind die Frauen von Schastelmarveille geblieben?« Erst wie er die Frage gestellt hat, wird ihm bewußt, daß sie für Orgeluse keinen Sinn ergibt. Sie kann nicht wissen, daß er einen Traum geträumt hatte, der ihm wirklicher erschien als jetzt das Gras unter seinen Füßen.

Doch Orgeluse hebt nur leicht die Schultern. »Einige haben Schastelmarveille bereits verlassen, andere lassen sich noch Zeit; sie müssen sich erst klar werden, wohin sie gehen wollen. Noch ist alles neu und ungewohnt für sie. Vor allem müssen sie nach den langen Jahren des Schweigens erst einüben, vor dem Klang ihrer eigenen Stimme nicht zu sehr zu erschrecken. Es ist alles noch sehr ungewohnt.«

Gâwâns Verwirrung steigt. »Dann war ich wirklich auf Schastelmarveille?«, und da Orgeluse nicht antwortet: »Wie komme ich dann hierher?«

»Niemand kann dir sagen, was geschehen ist.« Orgeluse lächelt fast schüchtern. »Nachdem ich weg war, hast du dich auf die Suche nach Schastelmarveille gemacht und hast es gefunden. Du gingst hinüber auf die andere Seite des Flusses und hast es außerdem geschafft, lebend zurückzukehren.« Sie verzieht ihr Gesicht. »Du hättest sterben können. Niemand kann eine Begegnung mit dem ›gefährlichen Bett‹ ohne langes Training überleben. Es braucht Jahre, um sich auf eine solche Begegnung vorzubereiten.«

Gâwân spürt Übelkeit vor Aufregung. »Wie kannst du das so genau wissen?«

»Ich habe gelernt, auf der Linie zwischen den Welten zu gehen und zu *sehen*.« Orgeluses Lachen ist mitfühlend und freundlich. Nichts erinnerte an die spöttische Orgeluse von gestern nachmittag.

»Dann war das, was ich erlebt habe, wirklich?«

»So wirklich wie irgend etwas. Du warst auf Schastelmarveille, du hast das ›gefährliche Bett‹ bestiegen, und du hast die Angriffe der anderen Seite überstanden. Ich muß gestehen, anfänglich bezweifelte ich, daß du wirklich *ihr* Geliebter bist, auch wenn du *ihr* Zeichen trägst. Doch dann habe ich *gesehen*, wie du dich den Herausforderungen entschlossen und geduldig gestellt hast, wie du keinen besiegt und nichts unterworfen hast; selbst als du den Löwen töten mußtest, gab es keinen Sieger; sein und dein Blut haben sich vermischt. Wärest du auch nur für einen Augenblick der Versuchung erlegen, dich wie ein Held aufzuführen[91], glaub mir, du wärst verloren gewesen und hättest den Ort des Kristalls niemals erreicht.«

Gâwân hält den Atem an und wartet auf eine weitere Erklärung. Schließlich kann er nicht mehr an sich halten: »Was ist wirklich passiert? Wie konnte ich auf Schastelmarveille sein und gleichzeitig hier an der Anlegestelle der Fähre?«

Orgeluse schüttelt den Kopf. »Begnüge dich damit, daß die Verwünschung zu Ende ist und die Frauen frei sind. In dieser Nacht, die du auf dem ›gefährlichen Bett‹ verbracht hast, blieben die Fenster von Schastelmarveille leer. Die vierhundert Frauen und vier Königinnen drängten sich eng, Schulter an Schulter, aneinander; sie träumten gemeinsam, und sie *sahen* jede deiner Bewegungen, und jede Bewegung brachte ihnen ein Stück ihres verlorenen Wissens zurück. Alle anderen Nächte zuvor hatten sie wach am Fenster gestanden, die Augen weit offen. Der Zauberer hatte ihnen gesagt, sie könnten von der Verwünschung nur erlöst werden, wenn es ihnen gelänge, wach zu bleiben und niemals mehr zu träumen. Sie waren viel zu verzweifelt, um zu erkennen, daß er sie in die Irre führte, um sie von der Spur ihrer eigenen Erfahrungen abzulenken; nur das gab ihm die Macht, sie in seinem Schloß festzuhalten.

Doch an dem Tag, als du nach Schastelmarveille kamst, begannen sie wieder zu träumen, wie sie es in der Vergangenheit getan hatten, als sie noch freie Frauen waren. Sie träumten und *sahen* dich auf dem ›gefährlichen Bett‹. Eine große Unruhe überfiel sie, als sie verstanden, daß du nicht die Heldentaten vollbrachtest, von denen in den Büchern geschrieben steht, die ihnen der Zauberer zum Lesen gegeben hatte, sondern daß die Waffe, mit deren Hilfe du die Herausforderungen bestandest, weibliches Wissen war. Stück für Stück nahmen die Frauen das verlorengegangene Geheimnis ihrer Spiritualität wieder in Besitz.«

Gâwân greift nach seinem Schild mit dem Zeichen der Göttin. »»Er wird dich vor der tödlichsten aller menschlichen Plagen schützen, vor der Härte des Herzens‹, sagte sie mir damals. Ist es das, was mit dem Geheimnis der weiblichen Spiritualität gemeint ist?«

Orgeluse überlegt eine Welle, bevor sie weiterspricht. »Weibliche Spiritualität entwickelt sich aus der Kraft, sich dem Leben mit allen Sinnen und Gefühlen zu öffnen, wahrzunehmen, um hinter dem Offenkundigen das Verborgene zu spüren. Sie zieht die Wirkung von lebendigen Dingen, die aufeinander reagieren, der Beschäftigung mit Ideen und Idealen vor. Die Reaktion der Welt ringsherum ist die nie endende Herausforderung, das eigene Verstehen und die eigene Handlungsweise laufend zu überprüfen, ein ständiger Lernprozeß des Wahrnehmens – ich meine, wirklich wahrzunehmen –, um das, was ich wahrnehme, im Herzen zu verwandeln. Das nennt man das *Sehen*.«

Orgeluse schweigt, und Gâwân weiß, sie würde ihm keine weitere Erklärung mehr geben; sie geht hinüber zu ihrem Pferd, bringt Brot, Fleisch und Früchte und drängt Gâwân, etwas davon zu essen, bevor sie weiterreiten würden.

Es dämmert bereits, und sie können die Ebene erkennen, die sich zu ihrer Rechten bis zum Horizont ausdehnt. In einiger Entfernung vom Fuße des Berges läßt sich eine Zeltstadt ausmachen, farbige Punkte leuchten durch den Morgendunst, Bewegungen von Menschen und Pferden sind zu erkennen, Ritterrüstungen blitzen im ersten Morgenlicht. Die Farben der verschiedenen Standarten sind schwer zu unterscheiden.

»Wirst du zu ihnen zurückgehen?« Orgeluse schaut unter halbgeschlossenen Augen. »Es wird jede Menge Turniere geben, schätze ich, bis sie am Ende den besten Ritter erkoren haben.«

Gâwân verneint in einer langsamen Bewegung des Kopfes. Ihre Welt und die meine, sie haben sich im Zelt von Königin Gwenhyfaer und König Arthur für eine Zeit gekreuzt; doch wir gehören nicht dem gleichen Geschlecht an; sie und ich, wir haben nicht die gleiche Aufgabe.« Der Wind trägt für einen Moment Stimmen und Tiergeräusche aus der Zeltstadt zu ihnen hinauf. »Es wird nicht lange dauern, und sie werden sich zu einer Prozession versammeln, um den Besten, der alle andern besiegt hat, zum Gralskönig zu krönen.« Gâwân seufzt und senkt das Gesicht.

»Kennen sie nicht die alten Geschichten?« Orgeluse schnellt empor. »Wissen sie nicht, was geschieht, wenn ein Mann ungerufen in den Gralsbereich einbricht, den allein die Feen hüten?«

»Hör auf, du weißt, den Feen droht keine ernstliche Gefahr von denen, die nicht *sehen*.« Gâwân schweigt.

»Gâwân und Orgeluse«, sagt die Frau und schaut den Mann an, »wohin können sie reiten, wenn die langen, geordneten Kolonnen der Christen sich aufmachen, der Welt eine endgültige Form zu geben, und der leere Raum, in dem das Wunderbare zu Hause ist, immer mehr verschwindet? Was ist das Zeichen?«

»Wir«, antwortet der Mann, »wir sind das Zeichen; wir sind das Zeichen, daß der Strom weiterhin ungebrochen vom Dunkeln ins Helle fließt, daß der Weg des Herzens niemals endet, auch wenn er für eine kleine Zeit in der Unterwelt verschwindet.«

Der Turnierplatz drunten in der Ebene nimmt Formen an, die Zelte stehen nun alle im vollen Schmuck der bunten, flatternden Fähnchen. Die Rosse drängeln und schnauben; auf den Balkonen sitzen die Frauen mit den hohen Hüten und schauen auf die Ritter, die in ihren prächtigen Rüstungen prangen. Am Rande des Turnierfeldes pflanzen die Knappen die mächtigen, bemalten Turnierstangen in einer Reihe auf, als wollten sie damit den Himmel aufspießen. Parzival hebt für einen Moment den Kopf, wie er das Pferdegetrappel oben am Berg hört. Er sieht eine Frau mit fliegenden Haaren und einen Mann auf einem weißen Feenpferd in eiligem Galopp nach Norden reiten; sie reiten nah nebeneinander, so daß sie aus der Ferne wie eine einzige, ungebrochene, sich vorwärts bewegende Linie erscheinen, ein dünner, wachsender Riß im Fels.

Nachwort

Die Göttin und der Gott

Um ein Gefühl für den geschichtlichen Hintergrund zu bekommen, in den unsere drei Heldinnen Orgeluse, Ada und Kathrin, jede auf ihre Weise, verwickelt waren, und um die »Verwünschung« zu verstehen, gegen die alle drei zu kämpfen hatten, müssen wir am Ende noch einmal zu dem Punkt der Geschichte zurückkehren, als diese Verwünschung zu wirken begann.

Zu Beginn unserer christlichen Zeitrechnung finden sich auf dem europäischen Kontinent noch überall Zeugnisse der *Großen Göttin*: auf dem Festland heißt sie *Rigani*, in Irland *Birgit* und in England *Sul*. Mit der Göttin verbunden und auf sie bezogen, erscheint eine männliche Gottheit, die von einem Hirschgeweih gekrönt ist. Die bekannteste und am besten erforschte Erscheinung des Gottes mit dem Geweih ist der keltische *Cernunnos*. Cernunnos war ein Gott des Lebens, des Wachstums, des Verkehrs, des Handels und jeglicher Art von Bewegung. Der griechische *Hermes* ist mit ihm verwandt und wurde später in gewissen Regionen mit ihm gleichgesetzt.

Das Geweih des Gottes hat symbolische Bedeutung: Es verbindet das weibliche Prinzip – die halboffene Bogenform – mit dem männlichen – die abstehenden Sprossen – zu einer unteilbaren Ganzheit. Ein konkreteres Bild dieser Vereinigung des weiblichen und des männlichen Prinzips zu einer Ganzheit ist die *heilige Hochzeit* von Göttin und Gott. In dieser Verbindung wird das Weibliche inspiriert, ohne vom Männlichen überwältigt oder gar unterworfen zu werden, die Frau erlebt sich inspiriert, ohne daß sie ihre Inspiration in männliche Wertvorstellungen pressen muß.

Der Kult des Cernunnos stellte im Mittelalter ein ernst zu nehmendes Gegengewicht zur christlichen Religion dar und war die volkstümliche Religion Englands und einiger Nachbarländer. Es handelte sich bei diesem mittelalterlichen Kult nicht um das vorchristliche Original, in dem das Zerstückeln und Verzehren des Hirschkönigs im Zentrum stand. Die religiösen Riten, mit denen Cernunnos im Mittelalter verehrt wurde, waren weder böse noch grausam und galten allgemein als unerläßlich für das Wohl der Gesellschaft.

Mit der wachsenden Verbreitung des Christentums auf dem europäischen Kontinent wurde die Abhängigkeit des Männlichen vom Weiblichen zunehmend als Entwertung empfunden. Der »Geliebte der Göttin« wurde einerseits zu einem Schimpfwort, mit dem man einen Mann lächerlich machen konnte – »der gehörnte Ehemann« –, andererseits wurde er zum Begriff des Bösen schlechthin. Als Teufel vermochte der gehörnte Gott eine Frau auf den Scheiterhaufen zu bringen, denn er bot der Inquisition eine ideale Projektionsfläche, und die Verbindung mit ihm wurde als Teufelsanbeterei deklariert. Der Vorwurf an die Hexen, sie hätten Beischlaf mit dem Teufel, ist ohne die Kenntnis dieser mythologischen Vorstellung nicht verständlich. Die Hexenverfolgung durch die Inquisition, die von der Mitte des 15. bis in die Mitte des 18. Jahrhunderts dauerte, konzentrierte sich auf Westeuropa, jenen Teil der Welt, in der der »Teufel« in Wahrheit ein Gott war und ein wesentlicher Teil des Kultes der Göttin.

Die tabuisierte weibliche Kreativität

Unsere Welt wurde von einer männlichen Gottheit erschaffen, die Bilder, Symbole und Traditionen, die unser Weltbild formen, entspringen einer männlichen Mythologie; Leistungen, Einstellungen und Problemlösungen von Frauen werden nicht mit derselben

Selbstverständlichkeit und Unvoreingenommenheit erforscht wie die des Mannes, der als Mensch schlechthin gesetzt wird. Weibliche Kreativität, in welcher Form sie auch auftritt, bricht ein Tabu, nämlich daß die Welt von einem Mann erschaffen sei und die Frau – der Rippe des Mannes entsprungen – als sekundäres Geschlecht lediglich nachahme, was der Mann vorgemacht habe.[92]

Schöpferisch zu sein und eigene Visionen der Welt zu haben, ist aber eine Qualität, die unabhängig davon ist, ob ich Frau oder Mann bin. Doch wie Frauen sich anders bewegen, in eine andere Haut verpackt sind und einen anderen Umgang mit Gefühlen haben, genauso entwickeln sich auch ihre schöpferischen Fähigkeiten aus ihren spezifisch weiblichen Wahrnehmungen und Erfahrungen. Die Suche moderner, selbständiger Frauen nach ihren eigenen schöpferischen Wurzeln verlangt nach Mythen, die den vielen Facetten weiblicher Schöpferkraft gerecht werden und ihr in der Gesellschaft einen angemessenen Platz zusprechen.

Mythen geben der menschlichen Auseinandersetzung mit der Welt und der Suche nach dem Sinn eine allgemeingültige Form. Sie erzählen in symbolträchtigen Bildern, was Menschen bewegt, was sie antreibt und was sie suchen. Sie erzählen, wie etwas begann und was seine Bedeutung ist. Mythen wirken jenseits der Grenzen der Logik, sie prägen die Wahrnehmung der Welt, aktivieren Gefühle und schaffen Werte.[93] Selbst als aufgeklärte, vernünftige Menschen können wir nicht auf Mythen verzichten, die uns die Welt erklären, auch wenn sie in unserer Zeit weniger in Göttergeschichten als in der Gestalt von vergötterten Theorien auftreten.

Ohne eine Hinterfragung solcher unbewußt wirkender Bilder und Symbole werden Frauen stets aufs neue mit »logischen Argumenten« verführt, ihre ursprünglichen Reaktionen, intuitiven Einsichten und originalen Einfälle zu verleugnen und »nach alter Väter Sitte« – Emanzipation hin oder her – weibliche Anpassung an vorgegebene männliche Mythen zu leisten. Was an der Oberfläche bemerkbar wird, ist die Benachteiligung der Frauen bei der Verteilung des Kuchens der Macht; doch solange das Problem nur soziologisch gesehen wird, bleibt das im Untergrund wirkende Tabu gegenüber weiblicher Kreativität unberührt.[94]

Daß es Frauen verstehen, das Leben zu kultivieren, zu verschönern und zu harmonisieren, wird zwar durchaus als Teil ihrer weiblichen Funktion verstanden; doch daß Frauen mit Ideen, mit Erfindungen, mit Kunst, mit Reden und Gestalten die Welt *verändern* und Platz für ein eigenes erfinderisches Leben beanspruchen, das sich nicht in männliche Vorstellungen einfügt und sie komplementiert, sondern in Frage stellt, das rührt an das Tabu. Der Sog der allgegenwärtigen männlichen Mythen hat seine Auswirkungen auf das Denken, Fühlen und Handeln von Frauen *und* Männern. Männer entwickeln ihre eigenen Ängste, mit denen sie weibliche Wahrnehmung, Emotionalität, Aggressivität und Kreativität abwerten. Bespitzeln sich Frauen auf der Suche nach gesellschaftlicher Anerkennung mit den Augen dieser männlichen Mentalität, berauben sie sich ihres eigenen kreativen Status; sie verdrängen individuelles Wissen, verraten ihre eigene Autorität und identifizieren sich ungewollt mit der männlichen Sicht der Dinge – sie unterwerfen sich dem gültigen Mythos.[95]

Das Tabu weiblicher Kreativität gegenüber zeigt sich in der Entwicklung des Mädchens schon früh im mangelnden Vertrauen in die eigene erfinderische Lust. Aktuelle Schuluntersuchungen zeigen, daß Mädchen zwar bereits bei Schulbeginn eine größere Sprachbegabung als Buben aufweisen und diesen Vorsprung auch behalten; daß sie konzentrierter, disziplinierter und ehrgeiziger sind, daß ihre Leistungen, angefangen von der ersten Klasse bis zum Studienabschluß, im Schnitt durchgehend besser sind als die ihrer männlichen Mitschüler – doch dies alles wird überschattet von einem gravierenden Mangel mit weitreichenden Konsequenzen: Wenn es darum geht, erfinderisch zu sein und eine »verrückte« Lösung zu riskieren, dann *fehlt Mädchen und Frauen das nötige Selbstvertrauen und eine Portion aggressiver Unverfrorenheit, um Risiken einzugehen.*

Das Tabu, daß der weibliche Geist nicht chaotisch, herausfordernd und kreativ sein soll, sondern nachahmend, ist so fest im wirkenden Mythos verankert[96], daß er seine Wirksamkeit bis heute kaum eingebüßt hat. Frechheit, Lust am Widerspruch, Starrköpfigkeit, Unangepaßtheit und Unberechenbarkeit, die die Voraussetzung alles erfinderischen Denkens und Handelns sind, werden bei den Jungen zwar gescholten, aber gleichzeitig wohlwollend toleriert als wünschenswert für die Entwicklung einer Persönlichkeit, die in der Welt Spuren hinterläßt – bei Mädchen nervt es. Die gesellschaftliche Erwartung an die Mädchen, ein rollenspezifisches, einfühlsames Verhalten zu entwickeln, schwächt von Anfang an den Mut zum selbstverantwortlichen Handeln; es fehlt die Übung, mit Tadel und Niederlagen, die unweigerlich die Folgen von erfinderischem Verhalten sind, umzugehen; es fehlt jene Prise Großspurigkeit und Unverschämtheit, die hilft, Niederlagen wegzustecken und mit seinen Siegen zu prahlen, um die Welt auf sich aufmerksam zu machen.

Ohne solche frühen Erfahrungen fehlen den Frauen später das Wissen und die Tricks, sich innerhalb der »boy-games« der Männergesellschaft zu behaupten. Das Netz weiblicher Solidarität, das diese Lücke möglicherweise füllen könnte, ist noch lange nicht dicht genug. Um die gesellschaftlichen Widerstände zu überwinden, suggerieren verhaltenstherapeutische Ratschläge der Frau, zumindest vorübergehend männliche Verhaltens-, Aggressions- und Sprachmuster zu studieren und zu kopieren. Diese Methode verspricht durchaus Erfolg, wenn es darum geht, sich in grundsätzlich männlich organisierte Systeme zu integrieren. Doch bestätigt die Übernahme männlicher Muster erst recht das Bild der Frau als sekundäres, nachahmendes Geschlecht und unterstützt das Tabu, daß es weibliche Kreativität nicht gibt. Die Anpassung bewirkt, daß Frauen einmal mehr nach dem Takt »of bis master's voice« tanzen. Vor allem verstärken sie das Leiden an einem *gespaltenen Selbstbild* gerade jener modernen Frauen, die von außen gesehen weitgehend unabhängig und selbstbestimmt wirken.

Anmerkungen

1 Ein weiblicher Mythos orientiert sich nicht an abstrakten Ideen und nicht an der Endgültigkeit, sondern er ist vor allem ein Gefäß, das die *Erfahrung* und ihre Veränderungen auffängt. Feststehendes und Altbekanntes wird zerschlagen und gleichzeitig neu verschmolzen in einem Prozeß des Werdens, der auf das Leben bezogen ist, nicht wie es sein sollte, sondern wie es ist, in der Tiefe, innen und außen.

2 Die Suche nach dem Gral als umfassendem Entwicklungsprozeß und nicht nur als einem männlichen Streben nach Idealität zu erforschen, ist vor allem einer Frau gelungen, Jessie Weston. Doch wurden in der Folge ihre Theorien (1919) weitgehend überhört. Mit Sicherheit hängt dies auch mit der mangelnden Anerkennung akademisch arbeitender Frauen zum Zeitpunkt der Veröffentlichung zusammen.

3 Chrétien de Troyes: *Perceval*; Reclam, Stuttgart 1991. Kühn, Dieter: *Der Parzival des Wolfram von Eschenbach*; Insel, Frankfurt a. M. 1991.

4 Brewer, E.: *From Cuchulainn to Gawaine*, D. S. Brewer, Cambridge 1973.

5 Matthews, J. : *Gawain, Knight of the Goddess*, Aquarian Press, Wellingborough 1990.

6 Auch von göttlichem Zorn findet sich in diesem Garten keine Spur. »Mit dem Garten [der Göttin] verbindet sich kein Schuldmotiv. Die Gabe der Erkenntnis des Lebens ist hier, im Heiligtum der Welt, um gepflückt zu werden. Und sie schenkt sich willig jedem Sterblichen, ob Mann oder Frau, der mit der rechten Entschiedenheit und Empfängnisbereitschaft danach greift.« Campbell, Joseph: *Mythologie des Westens*; dtv, München 1996, S. 24.

7 In den vorjüdischen Mythen ist das Ende des Goldenen Zeitalters, die Vertreibung aus dem Garten, bei dem Tod, Tränen und Elend in die Welt kommen, mit der Tötung der Schlange oder der Frau oder beider verknüpft. Erst in der patriarchalen Fassung des alten Mythos tritt anstelle der Tötung der Schlange oder der Frau der Ungehorsam von Frau und Schlange, die sich einem ausschließlich männlichen Schöpfergott nicht beugen wollen.

8 C. G. Jung; GW, 9/2: *Aion. Beiträge zur Symbolik des Selbst*; § 126.

9 »Zum Gral gehört auch eine Frau mit Hauern wie ein Eber, Haaren wie

Schweinsborsten, einer Hundenase, Bärenohren, mit behaartem Gesicht und Fingernägeln wie Löwenkrallen. Dieses entsetzlich häßliche Wesen erinnert an die griechische Medusa oder sumerische Ereschkigal, an den dunklen Todesaspekt der Göttin, an die Sphinx [...] In vielen keltischen Sagen kann der Gral oder das Reich oder die Quelle schließlich nur mit Hilfe dieser schrecklichen Medusa gefunden werden, und nur der, der sie akzeptieren und küssen kann, ist fähig, in ihrem zeitlosen Reich König zu werden.« Whitmont, Edward C.: *Die Rückkehr der Göttin*; Kösel, München 1989; S. 175.

10 Parzival ist der »gute Junge«, geprägt von der gesellschaftlichen Rücksichtnahme, sich keine Blöße zu geben, niemandem zu nahe zu treten, um das Gesicht, den Schein und den Frieden zu wahren. Diesem Problemkreis hat Wolfram von Eschenbach im *Parzival* einige wichtige Abschnitte gewidmet. Ein derartiges regelkonformes Verhalten erzeugt zusätzlich Leid und Schuld und führt immer tiefer in die Misere hinein. Durch den Auftritt von Cundry erwacht in Parzival erstmals ein Gefühl in Form von Reue, es erfaßt ihn ein tiefempfundener Schmerz. Diese Art von Erfahrung hatte Parzival bis dahin gemieden, was typisch ist für den Mann, der anstelle der Auseinandersetzung mit dem Weiblichen es flieht oder entwertet.

11 »Die Anthropologen stimmen zunehmend überein, daß die erhaltenen Fassungen der Gralssaga, einschließlich Wolframs *Parzival*, nur exoterische Versionen von Initiationsriten waren. [...] Außerdem bestärkt uns die psychologische Deutung der Fabel, gerade bei Wolfram, in dem Gefühl, daß ein wichtiger, vielleicht entscheidender Punkt in den bestehenden Fassungen ausgelassen oder unterschlagen wurde. Es wird nämlich nie erklärt, was Parzival nach seinem ersten Versagen in die Lage versetzte, den Gral doch noch zu erreichen. Wie er wegen seines Versagens beschimpft wird, verliert er seinen Glauben, wird in die christliche Lehre eingeführt und über den Gral unterrichtet.« Whitmont; a.a.O., S. 187 ff.

12 Nachdem es in einer frühen Entwicklungsphase darum ging, den Ruhm von König Arthur zu erzählen, änderte sich dies in der nachfolgenden Phase. Den keltischen Barden und Geschichtenerzählern bot sich – nach der Verdrängung der angelsächsischen Könige und Höfe – auf dem europäischen Festland eine neue Zuhörerschaft. Die Barden, in Mythopoesie ausgebildet und Meister der Improvisation, begründeten in der Folge die europäische weltliche Mythologie von König Artus und den Gralsrittern. Der Haupterbe der neuen Ruhmesrolle, die in der älteren, inselkeltischen Phase Cuchulinn zugefallen war, wurde in der neuen Periode der kühne Ritter Gâwân. Seine herausragende Stellung aus der

übrigen Schar der Ritter bestätigte sich auch dadurch, daß er der *Green Knight* war, der Ritter der Göttin.

13 In der keltischen Erbfolge ist der Neffe (der älteste Sohn der ältesten Schwester) Nachfolger auf dem Thron und nicht des Königs Sohn. Das Blut der Mutter, nicht das des Vaters, gibt die königliche Erbfolge weiter. Diese matrilineare Erbfolge gilt auch noch in der Arthurischen Tradition. Es sind vor allem Arthurs Neffen, Morgauses Söhne, um die sich die Geschichten an Artus' Hof drehen, während sein Sohn Mordred Arthurs Opponent ist.

14 Gewöhnlich umschließt der Torques den Hals nicht völlig, denn dies würde eine Vollendung des Lebens ankündigen, doch die Vollendung kann nur im Tod erreicht werden. Solange der Torques festsitzt, stellt er ein Symbol des Lebens dar – ich bin lebendig, solange mein Torques *gespürt* werden kann (das Leben hat dann »torque« oder Sprungkraft).

15 Die Fäden des Torques präsentieren die inneren Gesetzmäßigkeiten, nach denen das Muster des menschlichen Lebens gewoben wird und das dem Leben erst seine eigentliche Gestalt gibt.

16 Jahrhunderte später sollte dieselbe Frage wiederkehren in Sigmund Freuds verwunderter Feststellung: »Die große Frage, die nie beantwortet worden ist und die ich trotz dreißig Jahre langem Forschen in der weiblichen Seele nicht habe beantworten können, ist die: ›Was will das Weib?‹« Jones, Ernest: *Sigmund Freud, Leben und Werk*; Fischer, Frankfurt a. M. 1969, S. 491.
Möglicherweise war Freud gar nicht bereit, dieser Frage das ihr zustehende Gewicht zu geben. In der mittelalterlichen Sage hingegen hing das Leben des Königs und damit auch die Stabilität des ganzen Reiches von der richtigen Antwort ab.

17 Die Kelten waren ursprünglich patriarchale Arier; im Zuge ihrer Westwanderung nach Gallien und auf die Britischen Inseln gelangten sie jedoch im ersten vorchristlichen Jahrtausend in die altbronzezeitliche Sphäre der Großen Göttin und ihres getöteten und auferstandenen Sohnes, deren Kult sich bald mit ihrem eigenen verband.

18 Jungfräulichkeit war das Attribut der großen Muttergöttinnen, durch die alles Leben entstand und verging. Sie bedeutet im archetypischen Sinne ungeteilte Ganzheit.

19 Metamorphosen gehörten zu den Selbstverständlichkeiten des inselkeltischen Weltbildes. Götter konnten ihre Gestalt unter Beibehaltung des menschlichen Aussehens verändern. So tritt *Caillech*, der verborgene Aspekt der großen Göttin, bei Gelegenheit als alte Vettel und dann wieder als junge Schönheit auf.

20 Gâwân ist der Artusritter schlechthin; als der *Green Knight* steht er von

allen Rittern der keltischen *Anderswelt* am nächsten. Auch Gringuljete, Gâwâns Pferd, ist ein Wesen der *Anderswelt*: weiß und mit leuchtend roten Ohren.

21 Jane Campion/Kate Pullinger: *Das Piano*; Piper 1998. Mit diesem Roman hat Jane Campion den Stoff ihres Filmes *Das Piano* durch die Vorgeschichte ihrer beiden Helden – die Stummheit Adas und die Herkunft Baines' – erweitert. In meinen Ausführungen beziehe ich mich sowohl auf den Film wie auch auf den Roman.

22 Aus *Das Piano*; a.a.O., S. 40 ff.

23 Gekürzte Nacherzählung der Szene aus dem Roman *Das Piano*, S. 22 ff.

24 Der Individuationsprozeß im Sinne der Jungschen Psychologie sieht die Entwicklung des psychologischen Individuums als einen Differenzierungsprozeß, der die Erfahrung der eigenen unauflösbaren Gegensätzlichkeit miteinschließt. Dieser Prozeß ist für die Frau besonders heikel, da das »dunkle Weibliche«, das wesentlich mit zur weiblichen Ganzheit gehört, aus dem kollektiven Bewußtsein verbannt wurde. Die Frau auf der Suche nach ihrer individuellen Wahrheit findet keine Vorbilder, um ihrem eigenen »Hexenaspekt« zu begegnen, der unweigerlich auftaucht, wenn sie die Übernahme der gültigen kollektiven Normen in Frage stellt. Doch der weibliche Individuationsprozeß besteht auf eine solche Begegnung mit der instinktiven Basis.

25 »Erkennen wir, daß diese Reise nicht etwas ist, von dem wir geheilt werden müßten, sondern daß sie selbst ein natürlicher Weg der Heilung aus unserem schrecklichen Zustand der Entfremdung ist, den wir Normalität nennen.« Laing, Ronald D.: *Phänomenologie der Erfahrungen*; Suhrkamp, Frankfurt a. M. 1967, S. 140.

26 In einer Kultur, die einem keine Richtlinien zum Verständnis einer derartigen Krisenerfahrung an die Hand gibt, wird sich das Leiden des einzelnen in der Regel über die ursprünglichen Angstzustände hinaus verstärken. Unfähig, den Schrecken seiner Innenwelt zu verstehen oder einfach auszuhalten, wird er – anstatt sich auf die Reise ans Ende der Welt zu machen seine Aufmerksamkeit vorschnell auf die Außenwelt richten. Bei dieser Art von abwürgender Krisenlösung wird das innere Chaos gewissermaßen nicht verarbeitet, und der Angstzustand wird chronisch.

27 Gâwân als *Green Knight* zeigt in seinem Verhalten und der Art und Weise, wie er auftauchenden Schwierigkeiten begegnet, eine Einstellung, die dem späteren ritterlichen Ehrenkodex nicht entsprach. Er bekämpft »das Böse« nicht, wie es die Tugend des patriarchalen Ritters erfordert. Vielmehr läßt er sich mit den Schwierigkeiten ein, so wie sie sind und ohne ihnen zu widerstehen. Das nicht aus Schwäche, son-

dern aus Redlichkeit. Seine Stärke beweist sich darin, daß er das auf-
tauchende Dilemma und den Konflikt bewußt erträgt, sich mit ihm einläßt, ohne von vornherein zu wissen, was richtig oder falsch sein wird.
Gâwân handelt so, wie es die Situation verlangt, und läßt sich nicht auf
ein Ausagieren ein, auch nicht auf eines um die ritterliche Ehre. Dies
machte ihn mit der Zeit immer mehr zum Außenseiter in der ritterlichen
Zunft des Patriarchats.

28 Originaltext nach Wolfram von Eschenbach:
»In Euren Händen sei mein Schwert.
Will einer gegen mich tjostieren,
müßt Ihr dann reiten zum combat,
und für mich die Waffe führen.
Auch wenn man mich da kämpfen sieht:
es gescheh – für mich – durch Euch!« (Absatz 370)

29 Nach dem Originaltext:
»Das macht mir gar nichts aus.
Bin Euer Schutz und Euer Schild,
bin Euer Herz und Eure Hilfe...
Bin Herr und Herrin dieser Burg
und will im Kampfe mit Euch sein.
Wenn Ihr darin Vertrauen habt,
so bleiben Mut und Heil bei Euch.« (Absatz 371)

30 *Das Piano*, a.a.O., S. 121.

31 Der schwarz gekleidete Körper ist symbolischer Ausdruck dafür, daß
das Vorstellungsbild des Körpers unbewußt geworden ist und der Seele
der Eintritt in den Körper verweigert wird. Solange die Körperreaktio-
nen jedoch nicht bewußt erlebt werden dürfen, kann es auch nicht
gelingen, auf die Herausforderungen des Alltags angemessen zu reagieren und eine angstfreie Wechselbeziehung mit der Außenwelt auf-
zunehmen, an der der Mensch reifen kann. Die Begegnung mit dem
konkreten Leben wird verweigert.

32 Aus *Das Piano*; a.a.O., S. 20.

33 Nacherzählt aus *Das Piano*; a.a.O., S. 34 ff.

34 Originaltext nach Wolfram:
»Die Liebe weckte solche Lust
beim Mädchen und beim Mann,
sie hätten fast ein Ding gedreht –
da fiel ein böser Blick auf sie.« (Abs. 407)

35 Originaltext nach Wolfram:
»Und es wird von ihr berichtet:
wen sie traf mit ihrem Wurf,

der mußte in die Kniee gehen.
Die entschlossene Prinzessin
kämpfte wie ein Ritter, zeigte
neben Gâwân solche Kraft –« (Abs. 409)

36 Die historisch vorherrschende Verbindung von *männlich* und *objektiv*
hat den Status eines Mythos und ist auch dann wirksam, wenn es nicht
der bewußten Überzeugung des einzelnen entspricht. Die Wahrnehmung der Frau und die damit verbundenen Imaginationen tragen den
Makel der Subjektivität. Will die Frau ernst genommen werden, muß
sie »wie ein Mann« argumentieren. Das führt zur Entwicklung eines
nachahmenden Denkens, das sich nicht auf die eigene Kreativität
abstützen kann.

37 Unter *Körperselbst* verstehe ich die Ungeteiltheit von körperlicher und
seelischer Erfahrung in dem Sinne, daß der Körper jener Teil der Seele
ist, den unsere fünf Sinne wahrnehmen können.

38 Emily Dickinson, Gedicht Nr. 777

39 »Wir haben hier, würde ich meinen, neuen Boden gewonnen, einen
Boden, wie wir ihn auf unserem ganzen langen Gang durch die urtüm-
lichen, orientalischen und abendländischen Traditionen der Welt noch
nicht betreten haben. Es ist der einzigartige und neue Boden, auf dem
das neuzeitliche, selbstverantwortliche Individuum steht – insofern
wenigstens, als es schon imstande ist, wirklich heranzureifen, sich zu
zeigen und den gewonnenen Boden gegen den angstmachenden Druck
zu behaupten, der einem aus der Opposition zu den alten und neuen
Vertretern der Massen- und Stammesmeinungen erwächst. [...] Man
setzt sich im Prinzip über die ganzen Probleme der gängelnden religiösen Tradition hinweg, der individuelle Standpunkt wird ausschlagge-
bend.« Campbell, Joseph: *Schöpferische Mythologie*; a.a.O., S. 220 ff.

40 Courtoisie = die Regeln, die es im Minnedienst einzuhalten galt.

41 Allerdings darf dabei der entscheidende Unterschied zum Tantrismus
keinesfalls übersehen werden. Im Tantrismus wurzelt die sexuelle Beziehung im Religiösen, während im Minnedienst der Mensch durch keine
göttliche Analogie verherrlicht wird, sondern dank seines eigenen
Wesens und seiner eigenen Liebesfähigkeit das Ziel der Liebe ist.

42 »Es war nicht der fleischliche Geschlechtsverkehr und auch nicht – wie
bei den Sufis – der Genuß des Weines‹ einer göttlichen Liebe und das
Verlöschen der Seele in Gott; das Ziel bestand vielmehr darin, direkt in
der Erfahrung der Liebe als einer verfeinernden, sublimierenden, mys-
tagogischen Kraft zu leben, die durch Liebesleid und Liebesfreud das
durchbohrte Herz ganz von selbst der traurigen, süßen, bittersüßen und
quälenden Melodie des Seins öffnet.« Campbell, Joseph: *Schöpferische*

Mythologie; a.a.O., S. 221.

43 Rawson, Philipp: *Tantra. Der indische Kult der Ekstase*. München, 1974; zit. aus Whitmont, E. C.; a.a.O., S. 198.

44 »Marienmythos und Teufelsmythos haben sich zusammen gebildet [...] Mit den liebeglühenden Hymnen an Maria stieg der Qualm unzähliger Scheiterhaufen empor. Neben den Domen erhoben sich Galgen und Rad.« Spengler, Oswald: *Untergang des Abendlandes*; Beck, München 1980, S. 912.

45 »In Anbetracht dieser ganzen Widrigkeiten war demnach das Erwachen eines Frauenherzens zur Liebe im Mittelalter ein schweres und wahrhaft schreckliches Unglück, nicht nur für die Frau, die mit Folter und Feuer rechnen mußte, sondern auch für ihren Geliebten; und nicht nur hier auf Erden, sondern auch – und noch grauenhafter – in der künftigen Welt, in alle Ewigkeit. Mit einem von dem frühen Kirchenvater Tertullian geprägten Ausdruck, der lange ein Lieblingswort der Kanzeln blieb, war die Frau – die irdische, leibhaftige Frau, heißt das –, die zu ihrer Natur erwacht war, *janua diaboli*, ›die Einfallspforte des Teufels‹.« Campbell, Joseph: *Schöpferische Mythologie*; S. 72.

46 Aus *Das Piano*; a.a.O., S. 77 ff.

47 Männliches Seelenbild in der Frau und weibliches Seelenbild im Mann.

48 C. G. Jung: GW 10; *Zivilisation im Übergang*; § 81.

49 Rilke, R. M.: aus dem Gedicht: *Ausgesetzt auf den Bergen des Herzens*.

50 Obwohl Bettina deutschsprachig ist, benützte sie nicht die deutsche Übersetzung von »blue hole« (= blaues Loch). Im Englischen ist das Wort »hole« (Loch) in seiner gesprochenen Form vom Wort »Whole« (das ganz, vollständig, intakt, heil bedeutet), nicht zu unterscheiden. »Blaues Loch« oder »blaue Ganzheit«?

51 »Da sich der schöpferische Prozeß außerhalb des Bewußtseins abspielt und deswegen als eine Grenzerfahrung des Ich angesehen werden muß, ist jeder Versuch, sich diesem zentralen Urwirbel zu nähern, ein Unternehmen und ein Unterfangen. Es gehört zum Wesen eines solchen Wagnisses, daß sein Gegenstand nicht durch den direkten Zugriff des Bewußtseins begriffen werden kann, sondern daß die betrachtete Mitte in der Art eines rituellen Umgangs, in einem umkreisenden und einkreisenden Bemühen, von vielen Seiten zu fassen versucht werden muß.« Neumann, Erich: *Kulturentwicklung und Religion*; Fischer, Frankfurt a. M. 1978, S. 105.

52 Der primäre körperlich-sinnlich-blutige Aspekt des Geburtsprozesses hat innerhalb der Psychologie nur wenig Aufmerksamkeit erregt. Rebirthing etwa neigt in seinem kathartischen »Playback« dazu, an einem rein symbolischen Ereignis festzuhalten. Das Mysterium der »größeren

Geburt« (in den orphischen Mythen als eros zwischen den Schenkeln der Göttin) in einer Taufe aus Blut wird einmal mehr entsprechend männlichen Auffassungen durch wenig geerdete Luftigkeit von Atem, Schrei und Rede nachvollzogen. Diese Akzentverschiebung des Mysteriums der Geburt, weg vom Körper, hat die Kirche lange zuvor – mit der Taufe als Akt der spirituellen Geburt – bereits vorgemacht.

53 *Going-between:* ein vom allgemeinen Denken nicht anerkanntes oder nicht wahrgenommenes Vermitteln zwischen zwei verfeindeten Parteien.

54 »Mitten im Winter, in der Nacht vom 24. auf den 25. Dezember, der ›nuit des mères‹, macht sich die Muttergöttin, zusammen mit zwei Begleiterinnen, auf und sucht Eseus in seiner unterirdischen Gestalt als Cernunnos auf.« *Lexikon der keltischen Mythologie*; Diederichs, München 1996, S. 278.

55 Aus *Das Piano*; a.a.O., S. 102.

56 Behrendt, Joachim: *Das dritte Ohr*; rororo, Reinbek 1988, S. 265.

57 Originaltext nach Wolfram:
»Na schön, jetzt weiß ich auch noch das«,
sagte sie und sah ihn an.
Ihr schöner Mund sprach darauf weiter:
»Lobt mich nicht allzusehr,
das bringt Euch keine Ehre ein.
Ich mag es nicht, wenn jedermann
ein Urteil abgibt über mich.
Mein Ansehn wäre doch recht klein,
wenn alle mich gemeinsam lobten,
der Kluge wie der Dumme,
der Grade wie der Krumme –
wie könnte ich da andere
an hohem Rang noch überragen.« (Abs. 509)

58 Die Bedeutung Irlands in den späteren Entwicklungen europäischen Mythen- und Sagenguts ist der Umstand, daß der Kulturstil der Insel in einer Zeit vor dem Aufgang der patriarchalen Zeiten begründet wurde – von etwa 2500 bis 500–200 v. Chr. Mythologie und Moral waren von bronzezeitlicher Art, bestimmt von Muttergöttin und Mutterrecht, ihr Verhältnis zu dem späteren patriarchalen System der Kelten glich in etwa dem der frühen kretisch-ägäischen Ordnung zu der des olympischen Griechenlands. Anders als in Kreta gab es jedoch keine vollständige Unterwerfung unter das neue patriarchale Recht. So kommen noch in spätkeltischen Sagen verblüffende Angelegenheiten dreister Edelfrauen ans Licht, die ihre Gebräuche der älteren Epoche bis in die

frühchristlichen Zeiten hinein bewahrten. Sie waren durchaus keine Ehefrauen nach patriarchaler Fasson. Selbst auf der Höhe des heroischen keltischen Zeitalters, etwa 200 v. Chr. bis 450 n. Chr., waren viele der berühmtesten adligen Irinnen noch vorkeltischer Abstammung und benahmen sich in der gebieterischen Art der einstigen Matriarchinnen. (Quelle: Joseph Campell; *Mythologie des Westens*.)

59 Die Diskriminierung und Tabuisierung des weiblichen Prinzips als schöpferischer Instanz führt dazu, daß eine mächtige Kraft der Psyche, von ihrem Platz ausgeschlossen, sich in der Folge ins Negative, in eine gefährliche und rasende Dämonin, verkehrt. Die Geschichte der orthodoxen patriarchalen Systeme, die die Göttin diffamieren, beschimpfen, beleidigen und schließlich stürzen, führt gleichzeitig zu einer Bedrohung dieser Systeme durch kollektive unkontrollierbare, irrationale und selbstzerstörerische Impulse: die Rache der rasenden Göttin.

60 Aus *Das Piano*; a.a.O., S. 152.

61 Neumann, Erich: *Tiefenpsychologie und neue Ethik*; 1949.

62 C. G. Jung: GW 9/1: *Die Archetypen und das kollektive Unbewußte*; § 241.

63 »Für moderne Frauen ist es äußerst wichtig, die große Göttin oder den weiblichen Urgrund als bergende Ganzheit und Stütze weiblicher Autorität zu erfahren, die hinter dem primitiven, spaltenden Animus und den lebensverderbenden Wirkungen des Sündenbock-Komplexes steht. Da weder der Himmelsgott Jahve noch der Asasel eine positive Verbindung zum Weiblichen haben, muß diese Verbindung in der Therapie entdeckt werden. Dort bildet das weibliche Element die Grundlage für den haltgebenden Rahmen des therapeutischen Gefäßes, in dem die Heilung des Sündenbock-Komplexes geschieht.« Sylvia Brinton Perera: *Der Sündenbock-Komplex*, Ansata; Interlaken 1987, S. 108.

64 Wolfram von Eschenbach; *Parzival*, Vers 557.

65 Es handelt sich um die Parallelszene zu Parzivals Aufenthalt auf der Gralsburg Munsalväsche. Gâwân frägt, im Gegensatz zu Parzival, mit innerem Engagement nach dem, was ihn so betroffen gemacht hat. Im Unterschied zu Parzival grenzt er sich vom Bedrohlichen, das er spürt, nicht ab.

66 Gottfried von Strassbourg; *Tristan*; 3 Bände, Übersetzung Rüdiger Krohn, Reclam, Stuttgart 1980.

67 Für die Alchemisten symbolisierte der Rubin das »Feuer des lebendigen Eros«. In der Antike war Eros – nach Hesiod, Parmenides, Sokrates und Platon – die Gottheit der schöpferischen Energie schlechthin. Diese antike Vorstellung kommentierte Jung folgendermaßen: »Der antike Eros ist sinnvollerweise ein Gott, dessen Göttlichkeit die Gren-

zen des Menschlichen überschreitet und deshalb weder begriffen noch dargestellt werden kann. Ich könnte mich, wie so viele andere vor mir es versucht haben, an diesen Daimon wagen, dessen Wirksamkeit sich von den endlosen Räumen des Himmels bis in die finsteren Abgründe der Hölle erstreckt, aber es entfällt mir der Mut, jene Sprache zu suchen, welche die unabsehbaren Paradoxien der Liebe adäquat auszudrücken vermöchte. Eros ist ein Kosmogonos, ein Schöpfer und Vater-Mutter aller Bewußtheit.« Jung, C. G.: *Erinnerungen, Träume, Gedanken*, S. 355 ff.

68 »Die Weisheit der Schlange ist das Wissen um die immanenten Gesetze, die in den Dingen wirken. Diese Weisheit kommt deswegen aus der Tiefe und nicht vom Himmel. [...] Die Schlange ist als Symbol interessant, aber gleichzeitig schwer zu fassen, weil sie immer die Ganzheit umfaßt. Wir sehen von ihr immer nur Teilaspekte oder gar nur Bruchteile von diesen. [...] Sie ist als Symbol androgyn, schließt weibliche und männliche Eigenschaften und Möglichkeiten mit ein.« Fischle, W. H.: *Das Geheimnis der Schlange*; Bonz, Fellbach 1983, S. 75 ff.

69 Der keltischen Tradition entsprechend ist Gâwân ein Sonnenwesen. Seine Kraft wächst mit dem Wachsen des Tages und ist zur Mittagsstunde am stärksten. Gâwâns Aufgabe ist es, die Energie des – imaginären – Sonnenlichtes in jenen Teil des Lebens hineinzutragen, der von dämonischen Kräften überwältigt, verwünscht und in die Dunkelheit verbannt worden ist.

70 Eine Parallele dazu findet sich in der Zauberflöte, wo Sarastro, der lichte väterliche Held, mit Hilfe eines Schwarzen, eines »Mohren«, die geraubte Tochter der nächtlichen Königin gefangenhält. Wie der Mohr ist auch der Zauberer des Gramoflanz der verdrängte Schattenaspekt einer christlichen Haltung, die mit dem Weiblichen nur dadurch Kontakt aufnehmen kann, indem sie es unterwirft und gefangenhält.

71 »Zudem könnte der etymologisch unsichere Name Clinschor eventuell von provenzalisch clergier, ›Geistlicher‹ kommen. Auf jeden Fall war die Art, wie der mittelalterliche Dichter Wolfram das Motiv des ›wüsten Landes‹ verstand, derjenigen von Richard Wagner entgegengesetzt. Nicht die Leidenschaft der Liebe, sondern die Rache eines Kastraten an ihr war in seinen Augen die Ursache für das Leichentuch, das sowohl über dem Palast des Lebens (Schastelmarveille) als auch über dem Palast des Heiligen (Gralsburg) lag [...] Ein solcher Zauber im Bündnis mit äußerem Zwang (Clinschor mit Gramoflanz, Religion mit weltlicher Macht) war zu Wolframs Zeit genau die Kraft, gegen die es anzugehen galt.« Campell, Joseph: *Schöpferische Mythologie*; a.a.O., S. 611.

72 Roberts, Bernadette: *The path to no-self*; Shambala, Boston-London 1985.

73 Aus dem Englischen von mir übersetzt.

74 Franz, M.-L. von: *Die Suche nach dem Selbst*; Kösel, München 1985, S. 40.

75 Durch alle weiblich inspirierten Mythen zieht sich ein Urvertrauen zur Natur, während in jeder kirchlichen Lehre die Natur als derart verderbt hingestellt wird, daß ihr überhaupt nichts Gutes mehr anhaftet. Wie bewegt von einer unfehlbaren *natürlichen* Gnade, folgt die Heldin furchtlos den Regungen ihres Herzens. Und wenn diese vielleicht auch Leid und Schmerz, Gefahr und Dunkel verheißen, kann man, wenn man diesen Regungen um ihrer selbst willen folgt, die Erfahrung machen, daß sie einem Menschenleben die Kraft geben, aus denen das Individuum entsteht.

76 In den orphischen Mysterientraditionen der Griechen thront der Gott der Unterwelt auf einem schuppigen Meeresungeheuer. In seiner Hand trägt er den Hammer, mit dem er die Welt nach dem Vorbild zeitlos-imaginärer Formen gestaltet. In der christlichen Tradition wurde der Gott der Tiefe zum teuflischen Gegenspieler des göttlichen Willens, eine in keine Ganzheit und deren Gesetzmäßigkeiten eingebundene Person irgendwo im Jenseits. Dem Mysten der orphischen Tradition wurde hingegen beigebracht, daß der Gott der Tiefe ein im eigenen Innern erlebbarer Aspekt seiner selbst sei, der trotz seiner erschreckenden Form nicht als böse bezeichnet werden könne, es sei denn, man wolle die ganze Welt als böse bezeichnen.

77 Auch der dionysische Löwe verkörpert einen Unterweltsaspekt der Gottheit. Eine Parallele dazu findet sich im Bild der Sphinx von Gizé, die das Porträt eines ägyptischen Königs darstellt, denn der König wurde nach seiner Auferstehung vom Tode sehr oft als Löwe gesehen. Der mystische Löwe verkörpert das Geheimnis der Wiedergeburt und repräsentiert jenen kritischen Augenblick zwischen dem Tod des alten Bewußtseins und seiner Auferstehung in verwandelter Form.

78 Franz, M.-L. von: *Die Suche nach dem Selbst*; Kösel, München 1985, S. 43.

79 Loomis, M. E.: *Der Tanz des Typenrades*, Walter, Zürich-Düsseldorf 1994, S. 146.

80 Im ganzen indoeuropäischen Zusammenhang spielt die Drei eine wichtige Rolle, doch die Kelten trieben auffallend viel Aufwand mit der Zahl. Alles, was mit Heiligem in Verbindung stand, wurde als Triade vermittelt. Die Drei erlaubte ein Kräftespiel, das einem inneren Bedürfnis der Kelten entgegenkam, da sich in der Drei Gegensätze sozusagen

»gleitend« verbinden ließen, wie Hell – Zwielicht – Dunkel. Es ist eine Zahl, in der durch die Gegensätze eine dritte Komponente entsteht, die aus der ursprünglichen Polarität eine neue Ganzheit schafft. Die bekannteste göttliche weibliche Triade war die der drei *matres*, der Muttergöttinnen.

81 »Die Verwandlung solcher negativ erlebter Muttergestalten selbst scheint in diesem Märchentypus, soweit ich ihn übersehe, immer nur die Aufgabe einer weiblichen Heldin sein zu können. In diesem großen symbolischen Machtbereich des Weiblichen scheint nur die Frau selbst etwas erlösen zu können.« Riedel, Ingrid: *Tabu im Märchen*; Walter, Zürich-Düsseldorf 1996, S. 31.

82 »Es ist ein positives Zeichen, wenn die Umklammerung der dämonischen, entbehrungsvollen Negativität durch instinkthaften Appetit gelockert wird. Dieser bricht die alte Gestalt des Komplexes auf und ermöglicht korrigierende therapeutische Erfahrungen, die dem verborgenen Opfer-Ich gestatten, lebendig zu werden und sich zu entfalten.« Perera, Sylvia B.: *Der Sündenbock-Komplex*; Ansata, Interlaken 1987, S. 97.

83 Aeppli, Ernst: *Der Traum und seine Deutung*; Rentsch; Erlenbach-Zürich 1943.

84 Aeppli, Ernst: a.a.O., S. 275.

85 Neumann, Erich: *Ursprungsgeschichte des Bewußtseins*; Kindler, München 1968, S. 143

86 C. G. Jung; GW 9/1: *Die Archetypen und das kollektive Unbewußte*; § 179.

87 »[...] und wenn die Rückkehr oder das Abklingen erfolgt, werden sie als eine Wiedergeburt erlebt, das heißt als eine Geburt eines ›zweimal geborenen‹ Ichs, das nicht mehr auf den Horizont seiner Tagesseite eingeengt ist. Es ist jetzt als der bloße Abglanz eines größeren Selbst durchschaut, dessen eigentliche Aufgabe darin besteht, die Energien eines archetypischen Instinktsystems auf die Tagseite eines jeweiligen räumlich-zeitlichen Bezugsrahmens zu fruchtbarer Entfaltung zu bringen. Man hat jetzt keine Angst mehr vor der Natur, auch nicht vor ihrem Sproß, der Gesellschaft. [...] Nach der Aussage derjenigen, die von der Reise zurückgekehrt sind, ist dann das Leben reicher, stärker und freudiger.« Campbell, Joseph: *Lebendiger Mythos*; a.a.O., S. 245.

88 Aus *Das Piano*; a.a.O., S. 232.

89 »Im Bereich der Natur und des Natürlichen aber, auch des Eros, der zur innersten Natur gehört, ist alles Handeln nach dem Leistungsprinzip verfehlt. Hier gilt Zuwarten und die Bereitschaft zum Staunen.« Riedel, Ingrid; a.a.O., S. 137.

90 »Die ›Väter‹ sind die Vertreter der Gesetze und Ordnungen, von den Tabugesetzen der Frühzeit bis zur Rechtssprechung der Moderne [...] So ist die Väterwelt die Welt der Kollektivwerte, sie ist historisch und bezieht sich auf den relativen Stand der Bewußtseins- und Kulturentwicklung der Gruppe.« Neumann, Erich: *Ursprungsgeschichte des Bewußtseins*; Kindler, München 1968, S. 143.

91 Der klassische männliche Held ist durch ein patriarchales Selbstverständnis gekennzeichnet. Die Überwindung durch Macht ist sein Faszinosum. Der Sieg wird zum Ausdruck der eigenen Stärke und damit Ausdruck eines Verfügbarkeitswahnes.

92 »Der Bedeutungsgehalt weiblicher Figuren in einer patriarchalen Mythologie wird im allgemeinen durch einen Vorgang verdunkelt, den Freud bezüglich des manifesten Trauminhalts ›Akzentverschiebung‹ genannt hat [...] Die Schöpfung durch die Kraft des Wortes ist ein Beispiel einer solchen Verlegung auf den Gebärvater: der Mund die Vagina, das Wort die Geburt.« Campbell, Joseph: *Mythologie des Westens*; a.a.O., S. 182 ff.

93 »Ein funktionierendes mythisches Symbol habe ich als ›energiefreisetzende und -lenkende Zeichen‹ definiert. [...] Ihre Botschaften sind nicht ans Gehirn gerichtet, um dort verstanden und weitergeleitet zu werden, sondern direkt an die Nerven, die Drüsen, das Blut und den Nervus sympathicus.« Campbell, Joseph: *Lebendiger Mythos*; Dianus, München 1985, S. 227.

94 »Im christlichen Europa wurden schon im 12. Jahrhundert Anschauungen, die nicht mehr von allen geglaubt wurden, der Allgemeinheit aufoktroyiert. Die Folge war eine Spaltung zwischen öffentlich bekundeter und wirklich praktizierter Lebensweise und jene daraus erwachsende Not, die in der Gralssage im symbolischen Bild vom ›wüsten Land‹ erscheint. [...] Bei jenen jedoch, in denen die autorisierten Zeichen nicht greifen – oder allenfalls anomale Wirkungen zeitigen –, ergibt sich zwangsläufig eine Dissoziation von ihrem sozialen Beziehungsgeflecht und eine (innere wie äußere) Suche nach Leben, die das Gehirn dann als Suche nach dem ›Sinn‹ auffaßt. Auf das gesellschaftliche Verhaltensmuster festgenagelt, bleibt dem Einzelnen nichts anderes übrig, als zu einer Art lebendigem Totem zu erstarren.« Campbell, Joseph: *Schöpferische Mythologie*; a.a.O., S. 15 ff.

95 »Wir müssen erkennen, daß die Geringschätzung der wahren weiblichen Dynamik als unbewußter Faktor in der Psyche von Männern sowie auch Frauen zu finden ist, Feministinnen mit inbegriffen. Die Männer bringen ihr androlatrisches Vorurteil, das Sensibilität und Innerlichkeit abwertet, zum Ausdruck, [...] Frauen verhalten sich

genauso, wenn sie keine Unterschiede zwischen männlich und weiblich anerkennen wollen und das genormte androlatrische Verhalten der Männer mit ihrer Ellbogenmentalität und Überbetonung des abstrakten Intellekts nachahmen. Sie projizieren die eigene unbewußte Selbstablehnung als Frau auf den repressiven Tyrannen. Ein Teil der Frauenbewegung macht die Männer zu Sündenböcken und identifiziert sich hauptsächlich mit Leistung, die auf Konkurrenz beruht, und äußeren Reformen. Er läuft so Gefahr, die schlimmsten Auswüchse der androlatrischen, patriarchalen Vergangenheit fortzusetzen.« Whitmont, Edward, C: *Die Rückkehr der Göttin*; a.a.O., S. 170.

96 »Wir müssen dafür sorgen, daß die Mythologie – die Anordnung der bezeichnenden Signale, der Affektbilder, der energiefreisetzenden und -lenkenden Zeichen –, die wir an unsere Kinder weitergeben, geeignete, richtungsweisende Botschaften übermittelt.« Campbell, Joseph: *Lebendiger Mythos*; a.a.O., S. 228.

Bibliographie

Aeppli, Ernst: *Der Traum und seine Deutung; Rentsch*, Erlenbach-Zürich 1943.

Ashe, Geoffrey: *Kelten, Druiden und König Arthur*; Walter, Zürich-Düsseldorf 1997.

Berendt, Joachim: *Das dritte Ohr*; rororo, Reinbek 1988.

Black Koltuv, Barbara: *The Book of Lilith*; Nicolas-Hays, York Beach, Maine 1986.

Bleakley, Alan: *Früchte des Mondbaumes*; Goldmann, München 1987.

Botheroydt, Sylvia und Paul: *Lexikon der keltischen Mythologie*; Diederichs, München 1996.

Brewer, E.: *From Cuchulainn to Gawaine*; D. S. Brewer, Cambridge 1973.

Bührig, Marga: *Die unsichtbare Frau und der Gott der Väter*; Kreuz, Stuttgart 1987.

Campbell, Joseph: *Die Masken Gottes*; dtv, München 1996; Bd. 3: *Mythologie des Westens*; Bd. 4: *Schöpferische Mythologie*.

Campbell, Joseph: *Lebendiger Mythos*; dianus, München 1985

Campion, Jane/Pullinger, Kate: *Das Piano*; Piper, München 1998.

Chrétien de Troyes: *Perceval*; Reclam, Stuttgart 1991.

Coerper, Hellmut: *Der Zugang zum Wissen*; Bonz, Fellbach 1984.

Condren, Mary: *The Serpent and the Goddess – Women, Religion and Power in Celtic Ireland*; Harper & Row, San Francisco 1989.

Detienne, Marcel: *Dionysos – Göttliche Wildheit*; dtv, München 1995.

Eliade, Mircea: *Mythos und Wirklichkeit*; Insel, Frankfurt a. M. 1988.

Eliade, Mircea: *Kosmos und Geschichte*; Insel, Frankfurt a. M. 1984.

Fischle, Willy: *Das Geheimnis der Schlange*; Bonz, Fellbach 1983.

Fox Keller, Evelyn: *Liebe, Macht und Erkenntnis*; Hanser, München-Wien 1986.

Franz, Marie-Louise von: *Die Suche nach dem Selbst*; Kösel, München 1977.

Frazer, J. G.: *Der goldene Zweig*; rororo, Reinbek 1989.

Garfield, Patricia: *Der Weg des Traum-Mandala*; Ansata, Interlaken 1981.

Garfield, Patricia: *Frauen träumen anders*; Scherz, Bern-München-Wien 1989.

Gendlin, Eugene T.: *Dein Körper – Dein Traumdeuter*; Otto Müller, Salzburg 1987.

Geoffrey of Montmouth: *The History of the Kings of Britain*; Penguin Books, Harmondsworth 1966.

Goodman, Felicitas B.: *Trance*; Gütersloher, Gütersloh 1992.

Gottfried von Strassburg: *Tristan*, 3 Bände, Übersetzung von Rüdiger Krohn; Reclam, Stuttgart 1980.

Gruen, Arno: *Der Verrat am Selbst*; dtv, München 1986.

Hall, L. B.: *Knightly Tales of Sir Gawaine*; Nelson Hall, Chicago 1976.

Haule, John R.: *Heilige Verzauberung*; Ansata, Interlaken 1991.

Heinsohn/Steiger: *Die Vernichtung der weisen Frauen*; März, Herbstein 1985.

Huxley, Aldous: *Die Pforten der Wahrnehmung*; Piper, München 1964.

Jung, C. G.: *Die Archetypen und das kollektive Unbewußte*; GW Bd. 9/1, Walter, Zürich-Düsseldorf 1995.

Jung, C. G.: *Aion*; GW Bd. 9/2, Walter, Zürich-Düsseldorf 1995.

Jung, C. G.: *Zivilisation im Übergang*; GW Bd. 10, Walter, Zürich-Düsseldorf 1995.

Jung/von Franz: *Die Graalslegende in psychologischer Sicht*; Walter, Zürich-Düsseldorf 1997.

Kast/Jacoby/Riedel: *Das Böse im Märchen*; Bonz, Fellbach 1978.

Kerényi, Karl: *Die Mythologie der Griechen*; dtv, München 1996.

Kerényi, Karl: *Goddesses of Sun and Moon*; Spring Publ., Dallas 1979.

Kühn, Dieter: *Der Parzival des Wolfram von Eschenbach*; Insel, Frankfurt a. M. 1991.

Lambert, Johanna: *Weise Frauen aus der Traumzeit*; Peter Erd Verlag, München 1996.

Lampo, Hubert/Koster, P. P.: *Artus und der Gral*; Hugendubel, München 1985.

Lancelot, Lengyel: *Das geheime Wissen der Kelten*; Bauer, Freiburg i. Br. 1988.

Le Roux/Guyonvarch: *Die hohen Feste der Kelten*; Arun, Engerda 1997.

Loomis, Mary: *Tochter ihres Vaters*; Synthesis, Essen 1996.

Löpelmann, Martin: *Erinn – Keltische Sagen aus Irland*; Diederichs, München 1977.

MacLean, Adam: *The Triple Goddess*; Phanes Press, Grand Rapids 1989.

Markale, Jean: *Women of the Celts*; Inner Tradition, Rochester, Vermont 1986.

Matthews, Caitlin: *Mabon and the Mysteries of Britain*; Arkana, London-New York 1987.

Matthews, John: *The Arthurian Tradition*; Element Books, Shaftesbury 1989.

Matthews, John: *Gawain, the Knight of the Goddess*; Aquarian Press, Wellingborough 1990.

Matthews, John and Caitlin: *Lexikon der keltischen Mythologie*; Seehammer, Weyam 1997.

Maturana R. M. /Verden-Zöller: *Liebe und Spiel – Die vergessenen Grundlagen des Menschseins*; Auer, Heidelberg 1993.

Muschg, Adolf: *Der rote Ritter*; Suhrkamp, Frankfurt a. M. 1993.

Neeracher, Otto: *Die Etrusker waren Süd-Kelten*; Zbinden, Basel 1981.

Neumann, Erich: *Tiefenpsychologie und neue Ethik*; Kindler, München 1964.

Neumann, Erich: *Ursprungsgeschichte des Bewußtseins*; Kindler, München 1968.

Neumann, Erich: *Kulturentwicklung und Religion*; Fischer, Frankfurt a. M. 1978.

Neumann, Erich: *Zur Psychologie des Weiblichen*; Kindler, München 1975.

Noble, Vicky: *Shakti. Die heilende Energie der Frau*; Walter, Solothurn-Dusseldorf 1994.

Paris, Ginette: *Pagan Meditations*; Spring Publ., Dallas 1986.

Perera, Sylvia B.: *Der Weg zur Göttin der Tiefe*; Ansata, Interlaken 1985.

Perera, Sylvia B.: *Der Sündenbock-Komplex*; Ansata, Interlaken 1987.

Powell, T. G. E.: *The Celts*; Thames and Hudson, London 1989.

Ranke-Graves, Robert von: *Die weiße Göttin*, rororo, Reinbek 1995.

Riedel, Ingrid: *Tabu im Märchen*; Walter, Zürich-Düsseldorf 1996.

Roberts, Bernadette: *The Path to No-Self;* Shambala, Boston-London 1985.

Roberts, Bernadette: *The Experience of No-Self*; State University of New York Press, Albany 1993.

Ross, Lena B. (Herausgeberin): *To Speak and to Be Silent*; Chiron Publications, Wilmette/Illinois 1993.

Saint-Exupéry, Antoine de: *Wind, Sand und Sterne*; Karl Rauch, Düsseldorf 1958.

Saint-Exupéry, Antoine de: *Die Stadt in der Wüste*; Ullstein, Düsseldorf 1956.

Spengler, Oswald: *Der Untergang des Abendlandes*; Beck, München 1980.

Starhawk. *Wilde Kräfte*; Bauer, Freiburg i. Br. 1987.

Stewart, R. J.: *The Merlin Tarot*; The Aquarian Press, Wellingborough, Northhamptonshire 1988.

Stewart, R. J.: *Creation Myth*; Element Books, Shaftesbury 1989.

Tibol, Raquel: *Frida Kahlo*; Neue Kritik, Frankfurt a. M. 1980.

Weston, Jessie L.: *From Ritual to Romance*; Doubleday Anchor Books, New York 1957.

Whitmont, Edward: *Die Rückkehr der Göttin*; Kösel, München 1989.

Williams, Strephon K.: *Traumarbeit*; Ansata, Interlaken 1981.

Woodman, Marion: *Leben aus der Kraft der Göttin*; Ansata, Interlaken 1988.

Zurfluh, Werner: *Quellen der Nacht*; Ansata, Interlaken 1983.